CHRISTL EBERLEIN | THOMAS KÖLSCH | STEPHANIE MERSMANN

Koblenzer Geheimnisse

SPANNENDES AUS DER 2000-JÄHRIGEN GESCHICHTE
MIT KENNERN DER STADTHISTORIE

Rhein-Zeitung

Eberlein, Christl; Kölsch, Thomas; Mersmann, Stephanie
Koblenzer Geheimnisse – Spannendes aus der 2000-jährigen Geschichte – mit Kennern der Stadthistorie

RHEIN-ZEITUNG in Kooperation mit:
Bast Medien GmbH, St. Ulrich-Str. 11, 88662 Überlingen (verantwortlich)
2. Auflage 2023
ISBN: 978-3-946581-92-5

Lektorat: Kerstin Schumacher
Covergestaltung: Melanie Kunze
Layout: Melanie Kunze
Karte: Open Street Map
Satz: Melanie Kunze
Druck: Mohn Media Mohndruck GmbH, Gütersloh

Ein Titel der preisgekrönten Reihe *Geheimnisse der Heimat*

Inhalt

Vorwort *7*

Die Autoren *9*

01. Geheimnis
Kirchenmalerei – *Spatzen zwitschern im Gotteshaus* *10*

02. Geheimnis
Sparkasse – *Der vergessene Held* *14*

03. Geheimnis
Wandeisen – *Zeichen des Fortschritts* *19*

04. Geheimnis
Kelterstein – *Ein Quader wandert durch die Zeit* *22*

05. Geheimnis
Drache – *Der heimliche Lindwurm* *28*

06. Geheimnis
Keller-Kreuz – *Tragödie am Rheinufer* *30*

07. Geheimnis
DJH-Symbol – *Ein Rekord, von dem keiner weiß* *33*

08. Geheimnis
Heribertsturm – *Variabel in seiner Funktion* *36*

09. Geheimnis
Conopeum – *Schirm in der Kirche* *39*

10. Geheimnis
Sockel – *Hier fängt Preußen an* *42*

11. Geheimnis
Wappen – *Ein Fürstbischof und ein Musiker* *46*

12. Geheimnis
Steintafel – *Frauenpower in Reinform* *51*

13. Geheimnis
Fischerrelief – *Ein rätselhaftes Feigenblatt* 54

14. Geheimnis
Skulptur – *Koblenzer Original* 56

15. Geheimnis
Trasse – *Die Bergbahn zum Rittersturz* 60

16. Geheimnis
Brezel – *Die leckersten Knöchelchen* 64

17. Geheimnis
Festungswerk – *Spielplatz statt Pulvermagazin* 67

18. Geheimnis
Madonna – *Wie Maria in die Altstadt kam* 70

19. Geheimnis
Schild – *Von Koblenz nach Mexiko* 73

20. Geheimnis
Gässchen – *Hinterhof mit Geschichte* 76

21. Geheimnis
Schriftzug – *Das wunderbare Leck-mich-Haus* 80

22. Geheimnis
Stiefel – *Ein Hinweis auf das Handwerk* 85

23. Geheimnis
Platten – *Erinnerung an den Erbauer* 88

24. Geheimnis
Pflastersteine – *Grundriss auf der Straße* 90

25. Geheimnis
Torbögen – *Versorgung für die ganze Stadt* 93

26. Geheimnis
Steinkreuz – *Jahrelange Mogelei* 96

27. Geheimnis
Turm *– Das Geheimnis des Namenlosen* 98

28. Geheimnis
Etzegäßchen *– Kurze Gasse, lange Geschichte* 101

29. Geheimnis
Gedenkstein *– Erinnerung an einen Luftikus* 104

30. Geheimnis
Plakette *– Viel Streit um ein Geburtshaus* 106

31. Geheimnis
Medaillons *– Drei fehlende Gesichter* 109

32. Geheimnis
Station *– Wahrschauer regelt Schiffsverkehr* 111

33. Geheimnis
Büste *– Spuren bis nach Indien* 114

34. Geheimnis
Steinsäule *– Stadt und Wasser* 118

35. Geheimnis
Mauerreste *– Kloster und Krankenhaus* 122

36. Geheimnis
Armer Josef *– Ein Haus mit langer Geschichte* 125

37. Geheimnis
Stein *– Blutige Geschichte* 128

38. Geheimnis
Basaltblock *– Schlichte Ehrung für den Kaiser* 132

39. Geheimnis
Wandgemälde *– Das ist Kunst, das darf nicht weg!* 136

40. Geheimnis
Gedenktafel *– Dichter und Denker* 140

41. Geheimnis
***Kaffeewirtschaft** – Den großen Geistern gewidmet* 144

42. Geheimnis
***Inschriftenstein** – Nur der Name ist geblieben* 147

43. Geheimnis
***Hygiea** – Romantisch-verschnörkelt und jung* 150

44. Geheimnis
***Metallteil** – Die Soldaten und der Blumengarten* 153

45. Geheimnis
***Festungsbäckerei** – 1000 Brote pro Tag* 158

46. Geheimnis
***Kunstwerke** – Die Leidenschaft einer Kaiserin* 162

47. Geheimnis
***Schieferrelief** – Von zweierlei Zellen* 166

48. Geheimnis
***Steinblöcke** – Zur anderen Rheinseite* 169

49. Geheimnis
***Erker** – Kurfürsten und ein Riesending* 172

50. Geheimnis
***Wohnhaus** – Das Portofolio eines Architekten* 177

Quellen, Literatur, Bildnachweis *179*

Vorwort

Liebe Leserinnen, liebe Leser!

Es gibt in jeder Stadt zwei Gruppen von Menschen: Die eine wohnt noch nicht lange dort und kennt sich deshalb noch nicht aus. Die andere wohnt schon sehr lange dort und glaubt deshalb, schon alles zu kennen und zu wissen. Wo die erste Gruppe also zwar interessiert, aber mitunter hilflos vor einem alten Torbogen oder einer Inschrift steht, hebt die andere gar nicht mehr den Blick, weil sie ja von sich selbst glaubt, durch nichts mehr überrascht werden zu können.

Die gute Nachricht: Beiden Gruppen kann jetzt geholfen werden. Auf ebenso informative wie vergnügliche Weise, und zwar mit dem Buch, das Sie gerade in Ihren Händen halten. Dem Autoren-Team ist es auf seinen Streifzügen durch Koblenz gelungen, die Stadtgeschichte in all ihren Facetten lebendig zu machen. Und schon öffnet sich manche Türe, werden Geschichten hinter der Geschichte lebendig, werden eben Geheimnisse aufgedeckt.

Will das spannend und unterhaltsam gelingen, muss man ganz nah ran gehen. Man darf natürlich den Gang ins Archiv oder das Aufblättern alter Chroniken nicht scheuen. Aber am Ende muss man vor Ort sein, den Staub eines Weges auf den eigenen Schuhen haben, den Klang eines Gegenstands hören, eine Farbe oder eine Form ganz genau angeschaut haben, bevor man sie beschreibt. Und vor allem: Man muss diejenigen fragen, die sich auskennen. Eine Stadt ist nämlich vor allem das gebündelte Wissen ihrer Bewohner. Der eigentliche Reiz des Buches liegt also in seiner erzählerischen Perspektive: Es ist nicht einfach nur der nächste Stadtführer, sondern es erzählt seine Geschichten über Menschen. Menschen, die eben wissen, was sich hinter scheinbar unscheinbaren Details verbirgt. Menschen, die dafür sorgen, dass dieses Wissen nicht verloren geht.

Diese Menschen und ihre Geschichten sind es, die Ihnen, liebe Leserinnen und Leser, auf den folgenden knapp 200 Seiten begegnen werden. Auch sie haben irgendwann entweder selbst die erste Frage gestellt, was es eigentlich mit einem Gegenstand oder einem Gebäude auf sich hat. Oder haben es sich von anderen erzählen lassen. Und wie Sie gemerkt, in welcher spannenden, geheimnisvollen, beziehungsreichen und vor allem lebenswerten Stadt sie leben. Und was kann es am Ende Schöneres geben als dieses Wissen, das Alteingesessene und neu Zugezogene miteinander verbindet?

Tauchen Sie also ein in die Geschichten und Geheimnisse von Koblenz und lassen Sie sich überraschen und den Blick weiten.

Lars Hennemann
Chefredakteur Rhein-Zeitung

Die Autoren

Christl Eberlein, Jahrgang 1981, ist in Nordhessen aufgewachsen, studierte Germanistik, Medienwissenschaften und Pädagogik in Bayreuth und Paderborn und schloss ihr Studium mit dem Magister Artium ab. Sie arbeitet als Lehrerin, schreibt Kinderbücher und Kurzgeschichten. Als freie Journalistin ist sie für verschiedene regionale und überregionale Tageszeitungen im lokalen und kulturellen Bereich tätig. Viele Jahre lebte sie in und um Kassel, bevor es sie mit der Familie an den Bodensee verschlagen hat.

Thomas Kölsch, Jahrgang 1980, arbeitet seit 2008 als Journalist und Fotograf. Zunächst war er nach Abschluss seines Volontariats als Redakteur bei der *Fuldaer Zeitung* tätig, bevor er 2012 nach Bonn zog, wo er zuvor Vergleichende Literaturwissenschaft studiert und 2008 seine Promotion mit magna cum laude abgeschlossen hatte. Seit seiner Rückkehr ins Rheinland ist Thomas Kölsch freiberuflich tätig und arbeitet unter anderem für den *General Anzeiger*, die *Rhein-Zeitung*, das Fachmagazin *Jazzthetik*, die *FAZ* und die *Süddeutsche Zeitung*.

Stephanie Mersmann, Jahrgang 1979, arbeitet seit 2006 bei der *Rhein-Zeitung*. Viele Jahre war sie Redakteurin in Koblenz, wo sie auch lebt. Vor einigen Monaten ist sie auf die andere Rheinseite gewechselt und ist mittlerweile stellvertretende Leiterin der Redaktion in Neuwied. Nach wie vor schlägt ihr Herz für die lokale Berichterstattung und für die Geschichten, die sich hier auftun. Ursprünglich kommt Stephanie Mersmann aus Westfalen.

01

Kirchenmalerei

Spatzen zwitschern im Gotteshaus

Die sprichwörtlichen Spatzen pfeifen es von den Dächern. Oder in diesem Falle: von der Kirchendecke. Auch, wenn man schon sehr genau hinsehen muss, um sie zu entdecken. Wer im Mittelschiff der Herz-Jesu-Kirche steht und hinauf zu der großen Kuppel blickt, benötigt schon ein richtig gutes Fernglas oder eine Kamera mit Teleobjektiv, um das Federvieh ausfindig zu machen. Und vor allem jemanden an seiner Seite, der weiß, wo genau die Vögelchen zu finden sind. So wie Kalle Grundmann.

Der Theologe und Gästeführer kennt die klitzekleinen gefiederten Gesellen genau, die vom Rande der zentralen Vierungskuppel auf den Innenraum der Herz-Jesu-Kirche hinabblicken. Und er weiß auch von der Geschichte, die dahintersteckt. Sie hat mit dem Lieblingstier eines Pfarrers ebenso zu tun wie mit der Marotte einer Künstlerin.

„Im Zweiten Weltkrieg wurde die Kirche sehr stark zerstört, bis 1952 wurde sie dann wieder aufgebaut, aber in vereinfachter Form", beginnt Grundmann die Geschichte zu erzählen. Für Bemalung und andere schmückende Elemente fehlte in jener Zeit das Geld, aber als nach dem Zweiten Vatikanischen Konzil (1962-1965) auch Herz Jesu umgestaltet wurde und der Altar mehr in die Mitte wanderte, da verband man das mit der Bemalung des neoromanischen Gotteshauses.

> „Im Zweiten Weltkrieg wurde die Kirche stark zerstört, bis 1952 wurde sie dann wieder aufgebaut, aber in vereinfachter Form."

In den Jahren 1977 bis 1979 stand die große Renovierung des Innenraums an. Und zu diesem Zeitpunkt trat auch Gisela Schreyögg auf den Plan. Die Künstlerin und Restauratorin, die in Leutesdorf aufwuchs und 2020 ihren 80. Geburtstag feierte, arbeitete in mehr als 100 Kirchen und Gebäuden im Bistum Trier – und eben auch in Herz Jesu.

Hier gestaltete Schreyögg das Gewölbe mit der großen zentralen Kuppel. Ein zartes Rankenwerk mit Blüten

Kalle Grundmann kennt die Position der Spatzen ganz genau. Die Vögel lassen sich aber nur mit einem Fernglas erspähen.

Hoch oben in der Kuppel sitzen die Vöglein auf einem Zweig.

zieht sich seither über die acht Felder des Gewölbes, große Vögel sitzen inmitten der Pflanzen und sind mit bloßem Auge wunderbar auszumachen. Aber die Spatzen? Diese verbergen sich zwischen den Ornamenten.

In vier Ecken der großen Kuppel wurde schon beim Bau der 1904 geweihten Kirche jeweils eine sogenannte Trompe gesetzt, eine Art Gewölbeansatz, schreibt der Koblenzer Kunsthistoriker und Gästeführer Manfred Böckling in seiner Festschrift zum 100. Jahrestag der Kirchweihe 2004. Und in einer von ihnen hocken sie, die beiden Spatzen, weiß Grundmann und erzählt, was es mit diesen auf sich hat. „Künstler haben ja immer eine kleine Eigenheit, das muss sein", erklärt der Theologe.

„Künstler haben ja immer eine kleine Eigenheit, das muss sein."

Dass der Name oder das Bild des Pfarrers, der in der Zeit einer Restaurierung in einer Gemeinde im Amt war, in der Malerei festgehalten wurde, war nicht selten. Aber die Künstlerin Gisela Schreyögg wählte dafür einen geheimen, subtilen Weg – und setzte dem damaligen Pfarrer von Herz Jesu, Johannes Flöck, ein Denkmal, indem sie seine Lieblingstiere in der Kirche versteckte.

„Unter Insidern wusste man: Der Johannes, der liebt Spatzen", erzählt Grundmann. Die Vögel waren sein Lieblingstier, oft bekam er zum Beispiel kleine Figuren in Form eines Spatzes geschenkt. Dies habe auch zu seiner Spiritualität gepasst: Flöck wollte nie Reichtum ansammeln, „er hätte sein letztes Hemd für jemanden gegeben“. Und so war sein Lieblingstier auch kein Löwe oder etwas ähnlich Majestätisches, sondern eben ein bescheidener Spatz. „Flöck war vom Typ her so, sehr einfach“, sagt Grundmann – und das ist durch und durch positiv gemeint.

Gisela Schreyögg jedenfalls mochte offenbar diese versteckten Hinweise. In der St.-Josef-Kirche in der Südlichen Vorstadt, die sie auch in jener Zeit bemalte, ziert das Wappen des heiligen Karl von Borromäus den Hochchor. „Das ist ein wichtiger Heiliger, aber man fragt sich: Was soll das denn schon wieder? Das ist doch die St.-Josef-Kirche!“, berichtet Kalle Grundmann. Und löst lachend auf: Karl Schulz war zu der Zeit Pfarrer in der Gemeinde, als Schreyögg in der Kirche arbeitete – und sie verewigte kurzerhand dessen Namenspatron, versteckt hinter einem Wappen.

In Herz Jesu war die Bemalung der Kuppel übrigens eine Neuschöpfung: Laut Manfred Böckling lassen Fotos vor der Zerstörung im Zweiten Weltkrieg in den Gewölben keine farbige Gestaltung erkennen. Das ist jetzt anders – zwei verborgene kleine Spatzen inklusive.

Stephanie Mersmann

So geht's zur Kirchenmalerei:

Die beiden Spatzen sind Teil der Bemalung der südwestlichen Trompe an der Vierungskuppel in der Herz-Jesu-Kirche, Löhrrondell 1a in Koblenz. Sie sind nur mit Fernglas richtig zu erkennen.

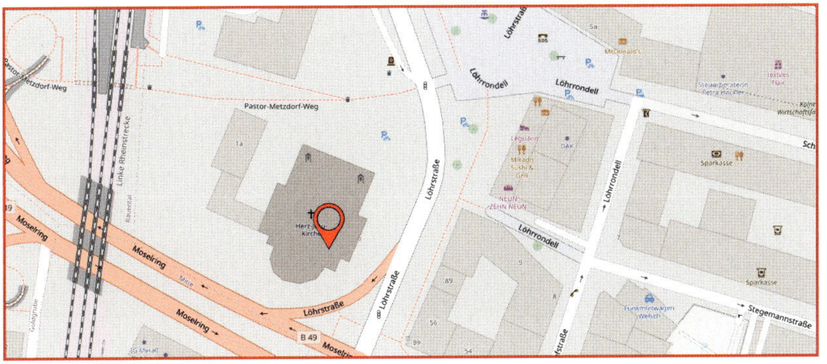

SB-Service
Sparkasse

02

Sparkasse

Der vergessene Held

Optisch unterscheidet sich die Sparkassenfiliale am Schenkendorfplatz nicht wesentlich von anderen: Nüchtern in der Gestaltung, mit vielen Fenstern und den typischen roten Bannern könnte sie im Grunde überall stehen. Doch genau an dieser Stelle hat sich vor mehr als 40 Jahren ein ganz besonderes Krimi-Drama ereignet, ein Banküberfall, bei dem so ziemlich alles schief ging – und der am Ende den Tod eines Unschuldigen zur Folge hatte.

Die Geschichte beginnt am 5. Oktober 1982. Gegen 12 Uhr, kurz vor der Mittagspause, stürmen auf einmal zwei bewaffnete Männer in die Filiale. „Kurz vor der Mittagspause, zack, rein in die Bank, Geld schnappen, Angestellte einschließen und weg", so wird später einer der Täter, der damals 36-jährige Ernst Schluschus aus Bochum, den Plan des Duos vor Gericht beschreiben. Ganz einfach. „Reine Vermögenstäter muss man fahren lassen, und es darf nicht zur Schießerei kommen", unter dieser Prämisse agiert er mit seinem Komplizen an jenem Tag in Koblenz. Und gerade Letzterer weiß ganz genau, wovon er spricht: Gerhard Benoit aus Köln war von 1973 bis 1978 Polizeibeamter des Landes Nordrhein-Westfalen, ausgebildeter Scharfschütze und Mitglied eines Sondereinsatzkommandos. Er kennt die Verhaltensregeln, die einem Krisenstab in einem solchen Fall angeraten werden, und er plant, diese auszunutzen. Doch leider kommt es anders als gedacht.

„Benoit wird wegen Totschlags zu sechs Jahren Jugendhaft verurteilt. Zur Polizei darf er trotzdem gehen."

Benoit gerät nicht zum ersten Mal auf die schiefe Bahn. „Schon als Jugendlicher ist er in die Jagdhütte seines Onkels eingebrochen", erzählt Bloggerin Kristina Venus, die sich intensiv mit dem Fall auseinandergesetzt hat. „Dieser erwischt ihn in flagranti, doch der Junge hat eine Schusswaffe. Und er setzt sie ein. Der Onkel stirbt, Benoit wird wegen Totschlags zu sechs Jahren Jugendhaft verurteilt. Zur Polizei darf er trotzdem gehen." Als Beamter überfällt er schließlich einen Metro-Markt, angeblich weil

Kristina Venus steht vor der Sparkassenfiliale, die 1982 überfallen wurde.

Zumindest in seiner Heimatstadt Ediger wurde für den Bankkaufmann Detlef Becker eine Ehrentafel angebracht.

das Geld nicht mehr reicht, nachdem seine Frau ihn verlassen hat. Für die Tat nutzt er einen Streifenwagen, was seine Dienstlaufbahn schlagartig beendet. Er wird zu fünf Jahren Haft verurteilt, wegen guter Führung aber im April 1982 entlassen. Und jetzt steht er hier am Schenkendorfplatz, wieder mit einer Waffe in der Hand, und verlässt sich auf das, was er als Polizist gelernt hat. Wenn denn nur sein Timing besser gewesen wäre. Und seine Ex-Kollegen etwas klüger.

Just in dem Moment, in dem Benoit und Schluschus die Sparkasse betreten, telefoniert Filialleiter Karl Hein. Zwar behauptet er, nicht die Polizei alarmiert zu haben, doch als ein Kontrollanruf des örtlichen Präsidiums eingeht, um zu prüfen, ob die Warnung nicht „ein Fehlalarm" gewesen sei, weiß Benoit, dass es Komplikationen gibt, zumal er zwei Beamte durch eine Glastür wahrnehmen kann, die in ein Funkgerät sprechen. Es soll nur der erste einer ganzen Reihe von polizeitaktischen Fehlern sein, die die Situation immer weiter eskalieren lassen. Die beiden Räuber sitzen jetzt in der Falle. Und aus dem Überfall ist unweigerlich eine Geiselnahme geworden.

In den frühen Morgenstunden artet die Situation schließlich aus: Nachdem die Polizei Benoit und Schluschus über Stunden hinweg hingehalten hat und die Drohung der beiden, einer Geisel ins Knie zu schießen, auf Empfehlung eines herbeigerufenen Psychologen als gegenstandslos abtut, sieht sich Benoit gezwungen, seiner Forderung nach einem Fluchtwagen Nachdruck zu verleihen. Er will eine Frau auswählen – doch da meldet sich der erst 19-jährige Bankkaufmann Detlef Becker freiwillig. Eine folgenschwere Entscheidung, denn obwohl Benoit explizit einen Arzt bis an die Tür der Sparkasse hat kommen lassen, um den Schwerverletzten unverzüglich versorgen zu können, wird Becker nicht lange überleben. Zehn Tage nach dem Überfall stirbt er an einer Thrombose und einer sich daraus entwickelnden Lungenembolie, beides Folgen der ihm zugefügten Verletzung.

„Für mich ist dieser Mann ein Held", betont Kristina Venus. „Deshalb finde ich es auch unverständlich, dass nirgendwo mehr auf ihn hingewiesen wird. Die Regierung hat ihn zwar posthum mit dem Verdienstkreuz 1. Klasse der Bundesrepublik Deutschland ausgezeichnet, aber es hat vier Jahre gedauert, bis die Sparkasse eine Gedenktafel am Schenkendorfplatz für ihn aufstellte, und die hat man schon vor Jahren erst vor einer anderen Filiale befestigt und schließlich im Verwaltungshochhaus der Sparkasse verschwinden lassen. Wer die Geschichte nicht kennt, wird somit nie von Detlef Becker erfahren." Besagte Geschichte ist mit dem Schuss auf Becker übrigens noch lange nicht zu Ende.

Zwar reagiert die Polizei endlich und lässt den manipulierten Fluchtwagen vor die Eingangstür der Bank fahren, doch die Fehler der Beamten häufen sich weiterhin. Benoit, der natürlich weiß, dass das Fahrzeug per Funk gesteuert werden könnte, wechselt mitsamt zweier Geiseln und 1,2 Millionen D-Mark bei der ersten Gelegenheit das Auto und wiederholt den Vorgang mehrfach. Irgendwann klauen er und Schluschus sogar einen Streifenwagen, hören den Polizeifunk mit und hängen im Nebel der Eifel alle Verfolger ab. Die inzwischen drei Geiseln fesselt das Duo an einen Baum, gibt der Polizei noch einen falschen Hinweis und verschwindet.

„Der saß in der Justizvollzugsanstalt Rheinbach ein und hat dort angeblich zu Gott gefunden."

Erst Tage später werden die beiden Verbrecher festgenommen, Schluschus in seiner Wohnung in Bochum, Benoit in einer Bar in München; sie werden vor dem Landgericht Koblenz zu lebenslanger Haft verurteilt. Die Beute findet die Polizei schließlich in einem Grab in Kall – dort liegt der verstorbene erste Mann von Benoits Freundin. Dieser hat sich

1965 wegen Geldsorgen das Leben genommen.

Über das weitere Leben von Ernst Schluschus ist nicht sehr viel mehr bekannt. „Seine Spur verläuft sich im Sand, zumindest habe ich bei meinen Recherchen nichts herausfinden können", sagt Kristina Venus. Anders bei Gerhard Benoit: „Der saß in der Justizvollzugsanstalt Rheinbach ein und hat dort angeblich zu Gott gefunden. Auf jeden Fall hat er seinen Namen in Dan Siluan geändert, ist einem Mönchsorden beigetreten und angefangen, Ikonen zu malen." Und das ziemlich erfolgreich: Siluan galt Anfang der 2000er-Jahre als der wohl bedeutendste Vertreter seiner Zunft in Deutschland, im Gefängnis hat er rund 188 Werke gemalt, außerdem hat er ein Buch über seinen Wandel vom Bankräuber zum religiösen Künstler geschrieben. Verdient haben will er eigenen Angaben zufolge nichts; die meisten Ikonen habe er verschenkt oder seinem Orden überlassen, erklärt er 2002 in einem Interview. 2006 wird er entlassen und verlässt Deutschland. Seine Gemälde und seine Geschichte bleiben. An Detlef Becker erinnert zumindest in Koblenz dagegen nichts.

Thomas Kölsch

So geht's zur Sparkasse:

Vom Hauptbahnhof Koblenz aus Richtung Süden gehen, am besten über die Hohenzollernstraße. Nach 600 Metern kommt man automatisch zum Schenkendorfplatz.

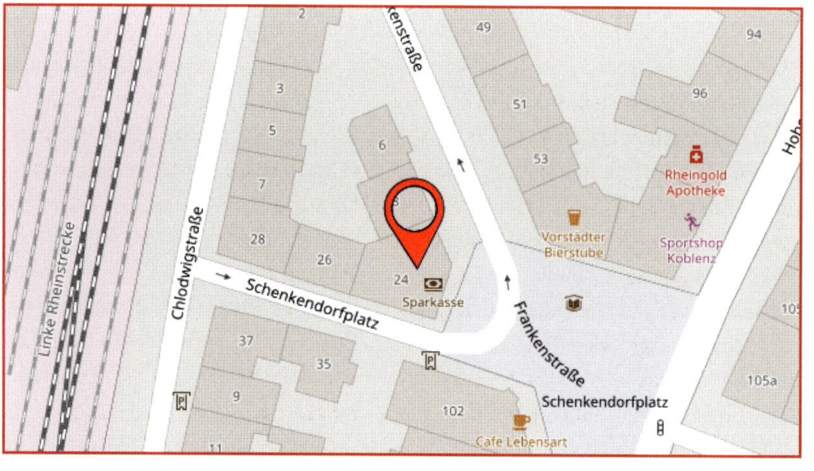

Die teils schlichten, teils hübsch verzierten Wandeisen findet man unter anderem an vielen Häusern in der Koblenzer Altstadt.

Wandeisen 03

Zeichen des Fortschritts

Die Koblenzer Altstadt kann trotz der starken Zerstörung am Ende des Zweiten Weltkriegs (1939-1945) noch immer eine Reihe historischer Gebäude aufweisen. Sie erzählen Geschichte und Geschichten und man entdeckt an ihnen so manches Detail, das einen zum Staunen bringt oder Fragen aufwirft. „Wozu ist das da?", könnte eine solche Frage beim Anblick des schön verzierten Metallteils sein, das an einem Haus in der Firmungsstraße befestigt ist. Links von der Marienfigur am Haus Nummer 23 ist das Teil platziert, das die Bezeichnung „Wandeisen" trägt. Welche Bedeutung oder Funktion ein solches hatte, wird offensichtlich wenn man die historische Straßensituation der Stadt betrachtet. „Ri-ra-rutsch, wir fahren mit der" – Pferdebahn, die gab es nämlich von 1887 bis 1901 in Koblenz. Schon vier Jahre zuvor war beschlossen worden, dass eine solche gebaut werden sollte.

Am 25. Mai 1887 rollten dann die Wagen der ersten Pferdebahnlinie. 1,89 Kilometer lange war sie und führte von der Schiffsbrücke am Rhein, wo sich heute die Anlegestelle der Passagierschiffe befindet, über den Görresplatz bis ans Löhrtor, das nur wenige Meter vom Hauptbahnhof entfernt ist. Die Bahnen verkehrten im Zwölfminutentakt. Wenig später wurde auch schon die zweite Linie zwischen Görresplatz und dem Pappel-Rondell eröffnet und bald bis zum Schützenhof verlängert. Immer mehr Verbindungen kamen hinzu. Das Schienennetz wuchs und wuchs.

Aber was ist denn überhaupt eine Pferdebahn? Pferdekutsche, Eisenbahn, das ist jeweils klar. Aber eine Pferdebahn? Sie ist ein bisschen was von beidem, denn sie ist ein auf Schienen laufendes Verkehrsmittel, das von Pferden, Maultieren oder Ochsen gezogen wird. Und sie ist der technische Vorläufer der heutigen Eisen- und Straßenbahnen. „Straßenbahn" ist das Stichwort, denn die letzte Koblenzer Pferdebahn fuhr am 27. Januar 1901, während bereits die ersten elektrifizierten Straßenbahnlinien verkehrten. Die Pferdebahn reichte nicht mehr aus. Die Stadt wuchs, die Bevölkerung wuchs und der Bedarf, sich mit einem Verkehrsmittel in der Stadt zu bewegen, wuchs auch. Also wurde umgestellt auf „die Elektrisch". Die fuhren in Koblenz ab dem 17. Oktober 1899.

Sucht man heute in der Stadt nach dem weit verzweigten Schienennetz, den Haltestellen und den Waggons, dann sucht man vergebens. „Die Politik war der Meinung, die Straßenbahn stört. Wir hatten ein sehr groß ausgebautes Straßenbahnnetz in der Stadt und in den Stadtteilen", sagt Dr. Eberhard Schulte-Wissermann vor dem Rathaus stehend und mit dem Arm symbolisch über die Altstadt weisend. Schulte-Wissermann war von 1994 bis 2010 Oberbürgermeister der Stadt Koblenz. Seit Kindertagen hat er die Veränderungen in seiner Heimat beobachtet, erlebt und eine Zeit lang mitbestimmt. Als er sein Amt antrat, gab es die Straßenbahn schon seit rund 27

„Die Politk war der Meinung, die Straßenbahn stört. Wir hatten ein sehr groß ausgebautes Straßenbahnnetz in der Stadt und in den Stadtteilen."

Jahren nicht mehr, denn 1967 wurde der Betrieb entgültig eingestellt. „Und dann wurde alles entfernt, was damit zusammenhing. Die Schienen sind restlos verschwunden, die schönen Wagen sind alle weg. Nichts ist mehr übrig von der ‚Elektrisch', so als wäre sie nie da gewesen", bedauert der Pensionär.

Wirklich alles? Einen einzigen Straßenbahnwagen gibt es noch in der Stadt. Er gehört einem Koblenzer Schausteller, der ihn zum selbstfahrenden „Partymobil" umfunktioniert hat, das zum Beispiel für Feste angemietet werden kann. Und es gibt eben noch zahlreiche Wandeisen in der Stadt. Man findet sie an Häusern in den Straßen, durch die die Wagen einst gefahren sind, wie in der Firmungsstraße. Manche sind mehr, manche weniger verziert, einige haben in den vergangenen Jahrzehnten die Farbe der Häuser angenommen, weil sie einfach übermalt wurden, aber sehen kann man sie noch gut. An ihnen wurden die Stromkabel für das öffentliche Verkehrsmittel entlang geführt. Sie sind neben den vielen Bewohnern der Stadt, die die Straßenbahn noch gesehen und genutzt haben, die noch existierenden Zeugen der Koblenzer „Elektrisch".

Christl Eberlein

So geht's zum Wandeisen:

Eins der zahlreichen Wandeisen der Koblenzer Straßenbahn befindet sich am Haus Nummer 23 in der Firmungsstraße.

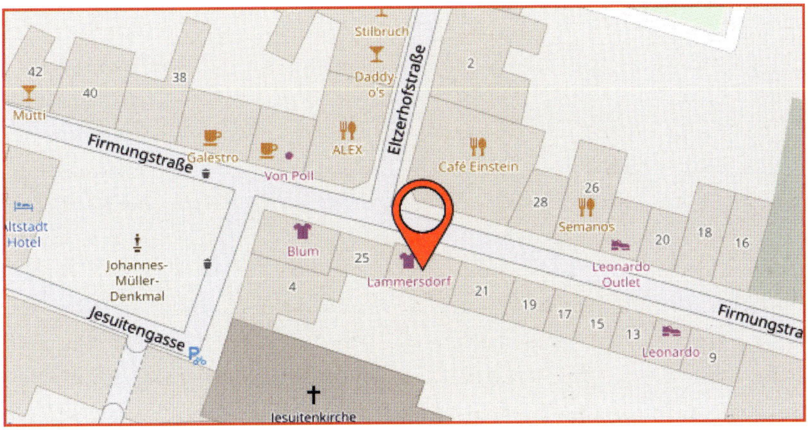

04 Kelterstein

Ein Quader wandert durch die Zeit

Der große Steinblock befand sich gefühlt schon immer auf dem heutigen Willi-Hörter-Platz in der Koblenzer Altstadt. Vor den Bögen des Durchgangs zum Jesuitenplatz liegt er schwer auf dem Kopfsteinpflaster, der Schängelbrunnen spuckt quasi nebenan auf den Boden, Spaziergänger lassen sich zwischendurch gern auf ihm nieder und ruhen kurz aus. Dass sie dabei auf hunderten Jahren Geschichte sitzen, wissen sie nicht.

„Es handelt sich um einen Kelterstein, das wissen wir mittlerweile: den Gewichtsstein einer spätrömischen Baumkelter", beginnt Dr. Cliff Jost die Geschichte zu erzählen und streicht über den grauen Quader, der vielleicht einen Meter hoch, breit und tief ist. Schon als Junge ist er auf diesem herumgeturnt, so wie viele Schüler vom nahen Görres-Gymnasium. Heute leitet er die Außenstelle Koblenz der Landesarchäologie, einer Abteilung der Generaldirektion Kulturelles Erbe, der zentralen Denkmalfachbehörde des Landes.

„Es handelt sich um einen Kelterstein, das wissen wir mittlerweile: den Gewichtsstein einer spätrömischen Baumkelter."

Dass es sich bei dem Block, der sich vor der Südseite des Jesuitenkollegs, des heutigen Rathauses, befindet, um ein Zeugnis längst vergangener Zeiten handelt, wissen Jost und einige Kollegen vom Fach, ansonsten aber wohl kaum jemand. Keine Hinweistafel oder Ähnliches deutet darauf hin, dass es sich um einen ganz besonderen Stein handelt, der an dieser denkbar prominenten Stelle liegt.

Zu spätrömischer Zeit, etwa im 3. bis 4. Jahrhundert, war er Bestandteil einer sogenannten Baumkelter, die allerdings nichts mit einem Baum zu tun hat, sondern lediglich wegen ihrer Form diesen Namen trägt. Als Gewichtsstein hing der Koloss, mit einer Spindel verbunden, an einem Ende der großen, hölzernen Konstruktion, die damals an vielen Orten im Weinbau zum Einsatz kam.

Dr. Cliff Jost lüftet das Geheimnis um den steinernen Koloss.

Bei der Kelter handelt es sich um eine Presse zur Gewinnung des Traubensafts, aus dem der Wein gemacht wurde. Im ersten Schritt wurden die Trauben im Tretbecken mit den Füßen oder einem Stampfer bearbeitet, erklärt Jost. Im zweiten Schritt wurde die so gewonnene Maische dann mithilfe des Keltersteins weiter ausgepresst, um noch mehr Most zu gewinnen.

Lange war den Archäologen aber nicht klar, dass es sich auch bei dem Quader am Koblenzer Rathaus um einen solchen Kelterstein handelt. Bis vor ein paar Jahrzehnten gab es verschiedene Thesen, mit was für einem Stein man es hier zu tun haben könnte. Beliebt war die Geschichte, dass es sich um einen alten germanischen Opferstein mit einer Blutrille handele, schließlich ist an einer Seite des Quaders eine Nute, eine rinnenförmige Vertiefung, zu sehen.

„Der Stein ist offenbar ein Architektur-Bruchstück, wie auch die übrigen in der Mosel gefundenen."

„Sehr früh wurde der Stein auch mit römischen Brückenkonstruktionen zusammengebracht", erzählt Jost. Damalige Fachleute haben vermutet, dass der Stein aus Engers komme und zur zweiten Rheinbrücke Caesars gehörte, oder von der Mosel, wo ebenfalls Steine gefunden wurden. In den *Bonner Jahrbüchern* zum Beispiel: Hier wurde 1873 der Quaderstein zum ersten Mal als Besonderheit erwähnt.

Die Möglichkeit, dass der Block ein früherer Bestandteil der caesarischen Rheinbrücke gewesen sein könnte und aus dem Rheinbett bei Engers stammt, erwähnt der Autor. Für wahrscheinlicher hält er es aber, dass der „räthselhafte Stein" aus der Mosel in Koblenz geborgen wurde. Bei der Entdeckung der Reste einer Pfahlbrücke über den Fluss im Jahr 1864 seien ganz ähnliche, wenn auch kleinere Quader aus derselben Gesteinsart zum Vorschein gekommen.

„Der Stein", zitiert der Autor einen Archivrat, „ist offenbar ein Architektur-Bruchstück, wie auch die übrigen in der Mosel gefundenen." Die *Bonner Jahrbücher* mutmaßen, dass der schwere Steinblock nicht auf der Brücke selbst, sondern an einem Ende auf dem Land aufgestellt und eine Stütze für das Geländer war.

In dem Buch *Koblenzer Kostbarkeiten* aus den 1970er-Jahren hingegen werden einige unbelegte Thesen angerissen: Der Stein könnte allgemein als Bauteil verwendet worden sein, oder er habe zum Eingang der alten Krypta gehört. Vor allem aber vermutet der Autor, dass der Stein Teil der Steinumfassung eines Stadttores war, wobei die Kerbe eine Funktion in der Halterung des Tores gehabt hätte. Oder: Der Stein stamme als Widerlager von der bereits erwähnten römischen Pfahlbrücke.

Von diesen Ideen hält Cliff Jost nicht viel. „Das alles ist in meinen Augen sehr, sehr unwahrscheinlich.“ Die Rheinbrücke habe aus Holz bestanden, und die gefundenen Beschwerungssteine der Moselbrücke, die zur Belastung der Holzkonstruktion dienten, würden meist von etwas älteren römischen Grabmonumenten stammen. Er glaubt auch nicht, dass der schwere Steinblock aus Engers hierhin transportiert wurde, stattdessen findet der Archäologe es deutlich wahrscheinlicher, dass dieser von Anfang an im Stadtgebiet genutzt wurde, etwa im Weinbau. Und, der entscheidende Punkt: Die Beschaffenheit des Steins weise ganz klar darauf hin, dass es sich um einen Kelterstein handele.

„Seit den 1980er- und 1990er-Jahren wurden 13 Keltersteine am Mittelrhein und vor allem an der Mittelmosel gefunden.“

„Seit den 1980er- und 1990er-Jahren wurden 13 Keltersteine am Mittelrhein und vor allem an der Mittelmosel gefunden, der nächste in Niederlahnstein“, sagt er. Und: „Sie haben alle diese typische Form: quaderförmig, eine kreisrunde Aushöhlung an der Oberseite, in der die Holzspindel der Kelter saß, und vertikale Nuten auf zwei gegenüberliegenden Seiten.“ Eine dieser Nuten ist bei dem Koblenzer Exemplar zu sehen, die zweite müsste sich just auf der Seite befinden, auf der der Stein auf dem Boden liegt, ist Jost überzeugt.

In der runden Aushöhlung wurde früher eine Spindel eingesetzt und der Gewichtsstein mit einer hölzernen Rahmenkonstruktion an der Baumkelter befestigt. Mithilfe der Spindel konnte man den Stein dann an der Kelter heben oder senken, und wenn dieser schwebte, wurden Hölzer auf den Presskorb mit der Maische hinuntergedrückt, „um die letzten Reste noch auszupressen“, erklärt Cliff Jost.

Wie kommt es aber, dass sich so ein Kelterstein ausgerechnet mitten in der Koblenzer Altstadt befindet? „Das ist die große Frage“, sagt der Experte – und hat eine These parat, in der einige Umwege vorkommen, die der Stein im Lauf der Jahrhunderte genommen hat.

Der Archäologe ist sicher, dass es schon in römischer Zeit Weingärten im Koblenzer Stadtgebiet oder den heutigen Stadtteilen gab. „Lützel war spätestens ab dem hohen Mittelalter für Weinbau bekannt und vor allem auch Moselweiß.“ In römischer Zeit wie

Spaziergänger nutzen den Kelterstein oft für ein Päuschen, Kinder zum Klettern. Das weiß auch Cliff Jost.

auch im Hochmittelalter herrschte in Koblenz und der Region ein günstiges Klima für den Weinbau, es war ähnlich mild und sogar wärmer als heute. „Es gab eine Weinbaukontinuität in der Region ", weiß der Fachmann.

Als die Keltern dann aber nicht mehr genutzt wurden, wurde der Stein in der mittelalterlichen Stadtmauer aus dem 13. Jahrhundert verbaut, die über den heutigen Zentralplatz verlaufen ist, vermutet Jost. Eine solche Zweitverwendung war nicht selten, „das war ein einfacher Steinbruch und alles schon zugehauen". Und so kommt es, dass sich historische Artefakte an ganz anderer Stelle und in einem ganz anderen Kontext wiederfinden, wie eben der römische Kelterstein vor dem Koblenzer Rathaus. Dieser ist auf jeden Fall „ein toller Stein", findet Jost. Schwer, hart und aus Diorit, das übrigens auch am Nelleskopfchen nördlich von Ehrenbreitstein abgebaut wurde.

Später, im Zuge der Stadterweiterung, wurde die Mauer dann abgebrochen „und da wurde der Stein vielleicht als Besonderheit an seinen jetzigen Standort gelegt". In der Fachliteratur heißt es, dass sich der Quader seit dem

Ende des 17. Jahrhunderts an dieser Stelle befindet, genau weiß man aber nur, „dass er seit Ewigkeiten hier liegt". Vielleicht wurde er im Zusammenhang mit dem Bau des Gymnasiums des damaligen Jesuitenkollegs an seine neue Heimat gebracht.

Als um 1940 schließlich der Schängelbrunnen wenige Meter von dem Steinblock entfernt errichtet wurde, hatte man dem Stein weniger Beachtung geschenkt. Doch auch zu dieser Zeit gab es bestimmt noch manche, die den Quader zum Spielgerät oder zur Sitzgelegenheit umfunktionierten. „Die Altstadt-Kinder haben auf dem Stein gespielt und sind auf ihm herumgerutscht", erzählt Cliff Jost. Und dass eine lange und besondere Geschichte hinter diesem liegt, spielte für sie wahrscheinlich absolut keine Rolle.

Stephanie Mersmann

So geht's zum Keltenstein:

Der Quader liegt auf dem Willi-Hörter-Platz in der Koblenzer Altstadt vor den Bögen des Durchgangs zum Jesuitenplatz. Nur wenige Meter entfernt befindet sich der Schängelbrunnen.

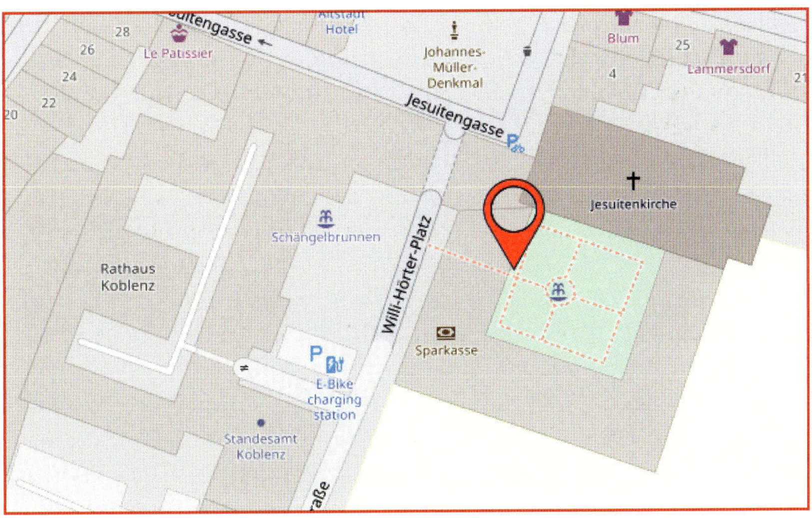

In diesem Bogen der Balduinbrücke verbirgt sich ein Drache.

05 Drache

Der heimliche Lindwurm

Die Balduinbrücke dürfte die wahrscheinlich berühmteste Brücke in Koblenz sein, auf jeden Fall aber die älteste, wenn man von einer vermuteten römischen Brücke an dieser Stelle absieht. Als letzte Moselbrücke vor dem Deutschen Eck verbindet sie seit 1429 – nach ungefähr 85 Jahren Bauzeit – die Altstadt mit dem damals schon existierenden Dorf Lützel. Heutzutage über- und unterqueren täglich mehrere zehntausend Menschen dieses mittelalterliche Monument. Und doch birgt die Balduinbrücke noch so manches Geheimnis. Unter anderem einen Drachen.

Man muss schon genau hinschauen, um das Relief am Koblenzer Ende der Brücke zu entdecken. Unten am Peter-Altmeier-Ufer, in Blickweite der Alten Burg, ist der Drache in den Brückenbogen eingelassen, ein kleines, scheinbar braves Fabelwesen, den Kopf zwischen die Pfoten gebettet und die Menschen freundlich anlächelnd. Doch nur wenige lächeln zurück, in der Regel, weil sie ihn in dem schwarzgrauen Stein schlichtweg übersehen. Immerhin, manche alteingesessenen Koblenzer wissen dann doch um seine Existenz, wenn auch nicht um seine Herkunft. Denn wie genau das Tier an seinen Platz gekommen ist, weiß niemand. Entsprechende

Unterlagen scheint es nicht zu geben, und weder Stadt- noch Kunsthistoriker haben Antworten.

Eine These gibt es aber doch: Eine der umfangreichsten Maßnahmen an der Balduinbrücke war der Umbau in den 1960er- und 70er-Jahren als Folge der Moselkanalisierung. Damals hat man die gesamte Brücke verbreitert und somit an allen Bögen gearbeitet. Vermutlich ist der Drache im Zusammenhang mit diesen Bauarbeiten von wandernden Steinmetzgesellen oder anderen Arbeitern angebracht worden. Für diesen Ansatz sprechen verschiedene Faktoren: So passt sich der Drache perfekt in die anderen schraffierten Steine ein, die damals verbaut wurden; auch der Stil ist eindeutig dem 20. Jahrhundert zuzuordnen. Gleichzeitig ist davon auszugehen, dass der kleine Lindwurm nicht erst bei den Sanierungsmaßnahmen von 2013/2014 eingefügt wurde. Zumindest versichert dies der damalige Projektverantwortliche der Stadt Koblenz, Stephan Landen, dem dieser steinerne Wächter der Balduinbrücke ebenfalls nicht weiter vertraut ist. Sämtliche weiteren potenziellen Spuren verlaufen im Sand. Und so bleibt der Drache wie alle seiner Art sagenumwoben. Nur eins lässt sich noch sicher sagen: Mit der Comic-Figur Grisu hat er entgegen anderslautenden Vermutungen nichts zu tun.

Thomas Kölsch

So geht's zum Drachen:

Der Weg führt entlang dem „Peter-Altmeier-Ufer" in Richtung Westen, dann unter der Brücke hindurch. Der Drache befindet sich links oben.

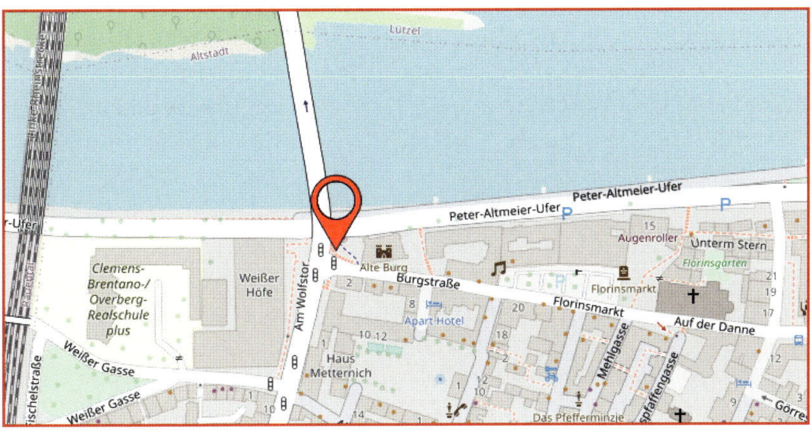

INRI
IHS

06

Keller-Kreuz

Tragödie am Rheinufer

Dr. Margit Theis-Scholz kennt die Stelle in der Emser Straße in- und auswendig. „Wir spazieren hier häufig mit dem Hund entlang und kommen dadurch oft daran vorbei“, beginnt die Dezernentin für Bildung und Kultur der Stadt Koblenz zu erzählen. „Doch was genau hier geschehen ist, das habe ich eigentlich erst jetzt in Erfahrung gebracht.“ Sie spricht von den Hintergründen eines schmalen Kreuzes, das sich in der Emser Straße, gegenüber dem Haus mit der Nummer 187 in Koblenz-Pfaffendorf befindet.

Es steht vor einer Mauer und ist aus dunkler Basaltlava gefertigt. Darunter befindet sich ein schlanker, hoher Sockel, der eine Aufschrift trägt. Von vorne betrachtet versteckt sich das Kreuz zurzeit halb hinter einer Hecke, daher ist der Sockel kaum zu sehen. Bei genauem Hinschauen entdeckt man darauf jedoch die Auflistung einer Reihe von Namen: Anna Nachtsheim, Elisabeth Nachtsheim, Anna Rörig, Elisabeth Theobalds, Catarina Franck, Apollonia Engels, Joanus Schmit, Anna Maria Scheffers, Gertrudt Schosters, Catarina Braenck, Anna Maria Kachs. Zudem steht das Wort „ertrunken“ auf dem Stein und ein Datum, der 8. September des Jahres 1710. Es muss sich demnach ein Unglück ereignet haben, an das das sogenannte „Keller-Kreuz“ erinnern soll. „Nachdem ich mir das Kreuz genau angesehen habe, wollte ich wissen, was genau an dieser Stelle am Rheinufer geschehen ist.“ Mit einem Keller hat das Kreuz allerdings nichts zu tun, weiß Margit Theis-Scholz. „Die Personen, deren Namen auf dem Kreuz stehen, fast alles Frauen, wie man schnell feststellt, unternahmen von Kell aus eine Wallfahrt nach Kamp-Bornhofen am Rhein.“ Kell ist ein Stadtteil von Andernach. „Eine Wallfahrt zu unternehmen war damals ziemlich populär, pilgern war ‚in‘

„Die Personen, deren Namen auf dem Kreuz stehen, fast alles Frauen, wie man schnell feststellt, unternahmen von Kell aus eine Wallfahrt.“

Bild oben: Oft geht Margit Theis-Scholz mit ihrem Hund an dem Kreuz vorbei, das auf ein Unglück aus dem Jahr 1710 hinweist.
Bild unten: Die Namen derer, die vor über 300 Jahren in den Wassern des Rheins den Tod fanden, sind hier in Stein gemeißelt

würde man heute sagen", erzählt die Kulturdezernentin. „Es war auf gewisse Weise ein Vorläufer des Tourismus. Auf der Rückreise von Bornhofen hat sich dann hier in Pfaffendorf der Unfall zugetragen."

Was geschehen ist, beschreibt ein Text aus dem Kirchenbuch der Gemeinde Kell im Brohltal. Der dortige Pfarrer von Sankt Lubentius notierte unter dem Datum des 8. September 1710 folgenden Eintrag: Auf der Rückfahrt von Bornhofen nach Kell befanden sich mehrere Bewohner der Orte Kell, Glees und Zissen in der Eifel auf einem Schiff. Auf der Höhe des „Keller-Kreuzes" in Pfaffendorf kenterte das Schiff mit den Pilgern und elf Passagiere aus den drei genannten Gemeinden ertranken im Rhein. „Damals konnten die meisten Menschen nicht schwimmen. Ein Wunder, dass es bei dem Unglück damals überhaupt Überlebende gegeben hat", sagt Margit Theis-Scholz.

Das Kreuz soll mündlichen Überlieferungen nach von Angehörigen der ums Leben gekommenen Pilger aus Kell, Glees und Zissen gestiftet und an einem Totengedenktag am Rheinufer aufgestellt worden sein, damit ihrer bis heute gedacht und zuweilen ein Gebet gesprochen wird.

Christl Eberlein

So geht's zum Keller-Kreuz:

Es befindet sich an der Kreuzung Emser Straße und Leinpfad Richtung Horchheim im Stadtteil Paffendorf, gegenüber dem Haus Emser Straße Nummer 187.

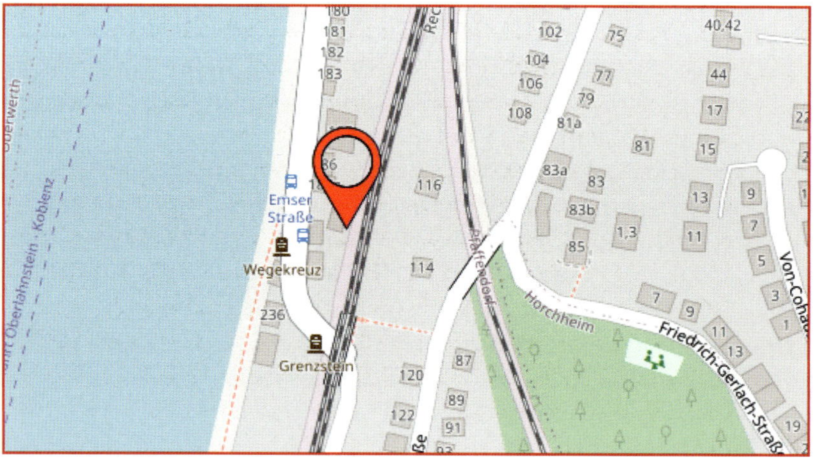

Detailaufnahme des DJH-Wegweisers.

DJH-Symbol 07

Ein Rekord, von dem keiner weiß

Ein kleines Symbol ist alles, was auf die ehemalige Jugendherberge in der Nagelsgasse hindeutet – und selbst dieses wird jeder übersehen, der nichts von der Existenz des unscheinbaren Dreiecks mit dem Kürzel des Deutschen Jugendherbergswerkes (DJH) samt dem kleinen Richtungspfeil darunter weiß. Angebracht an der Hauswand des Restaurants Adaccio ist es schlichtweg übertüncht worden und damit ebenso aus dem Stadtbild getilgt wie die Erinnerung an den Vorläufer der deutschlandweit bekannten Jugendherberge auf der Festung Ehrenbreitstein. Dabei war das mitten in der Koblenzer Altstadt gelegene Haus einst ein Vorreiter – und angeblich sogar ein Weltrekordhalter.

Die genaue Historie der alten Jugendherberge liegt im Dunkeln. Wann sie genau gegründet wurde, ist unklar, selbst der DJH verfügt eigenen Angaben zufolge über keinerlei Unterlagen. Belegt ist aber, dass die Eltern des späteren rheinland-pfälzischen Ministerpräsidenten Peter Altmeier (1899-1977), die 1906 von Saarbrücken nach Koblenz zogen, die Unterkunft im ehemaligen Solemacher-Hof zumindest vorübergehend leiteten. Das Haupthaus selbst, ein Barockbau mit zwei Ecktürmen und Stuckrahmendecken, stammte aus dem späten 17. Jahrhundert; die

Albert Esser schaut auf das kaum sichtbare Symbol des Deutschen Jugendherbergswerks.

Jugendherberge nahm aber spätestens ab den 1920er-Jahren auch das benachbarte ehemalige Eichamt in Beschlag. Insgesamt verfügte sie ab diesem Zeitpunkt über 400 Betten und 100 Notlager, womit sie seinerzeit als eine der größten Jugendherbergen der Welt galt. 1927 sollen in ihren Mauern rund 30.000 Gäste übernachtet haben, so belegt es zumindest die *Zeitschrift des Rheinischen Verbands für Denkmalpflege und Heimatschutz* in einer Ausgabe über Jugendherbergen von 1928. „Das war damals Weltrekord“, erzählt der Koblenzer Gästeführer Albert Esser, dem das DJH-Symbol am Anfang der Nagelsgasse schon immer vertraut war. „Umso erstaunlicher finde ich es, dass nirgendwo auf diese Jugendherberge hingewiesen wird. Selbst in der Stadt kennen alle nur die in der Festung Ehrenbreitstein, und die bietet längst nicht so viel Platz.“

In Deutschland herrschte um die Wende vom 19. zum 20. Jahrhundert eine ganz besondere Um- und Aufbruchsstimmung. Jugendliche, die von einem liberalen Geist durchdrungen waren, suchten zunehmend Freiräume, unter anderem durch Ausflüge in die Natur am Wochenende oder in den Ferien. So begann die „Wandervogel“-Bewegung, deren Anhänger ein intensives Erlebnis auch dadurch suchten, dass sie bewusst mit leichtem Gepäck reisten und keinen großen Komfort suchten.

In diesem Umfeld entstanden um 1900 die ersten spartanischen Hütten und Herbergen gezielt für Jugendliche, so genannte Nester. Größere Häuser mit Ess- und Schlafsälen waren ein erster Schritt zur Professionalisierung, doch erst die DJH-Gründer Richard Schirrmann und Wilhelm Münker schufen ab 1909 ein immer stärker wachsendes Netzwerk an Jugendherbergen mit vergleichbarem Standard. 1912 konnten in einem entsprechenden Herbergsverzeichnis 174 Unterkünfte gelistet werden. 1914 waren es bereits 535. Im gleichen Jahr machte sich der bis dato vom Sauerländer Gebirgsverein getragene „Ausschuss für Jugendherbergen“ selbständig: Das Jugendherbergswerk, zu dem auch das Haus in der Koblenzer Nagelsgasse gehören sollte, war geboren.

Während des Zweiten Weltkriegs wurde die alte Koblenzer Jugendherberge anderweitig genutzt: Die Deutsche Arbeiterfront, ein der NSDAP angeschlossener Verband, brachte an diesem Ort 182 Zwangsarbeiterinnen und Zwangsarbeiter unter, die vor allem aus Russland und der Ukraine stammten. Was mit ihnen geschehen ist, lässt sich leider nicht herausfinden. „Bei dem verheerenden Luftangriff der britischen Royal Air Force vom 6. November 1944 wird die Jugendherberge schließlich dem Erdboden gleich gemacht, so wie 87 Prozent der Innenstadt“, führt Albert Esser aus. Nur der nahe gelegene Hochbunker entkommt der Zerstörung; in ihm residierte danach die Stadtverwaltung. 1951 wurde schließlich die Jugendherberge in der Festung Ehrenbreitstein eingeweiht, ihre Vorgängerin geriet in Vergessenheit. Heutzutage wissen nur noch wenige Koblenzerinnen und Koblenzer so wie Albert Esser von ihr – und selbst sie müssen mitunter zweimal hinschauen, um den alten Wegweiser an der weiß verputzten Wand zu entdecken.

Thomas Kölsch

So geht's zum DJH-Symbol:

Vom Restaurant Adaccio (Ecke Firmungsstraße/Nagelsgasse) folgt man einfach dem kaum sichtbaren weißen Hinweisschild am Eingang zur Nagelsgasse. Gegenüber der Grundschule St. Castor stand die ehemalige Jugendherberge.

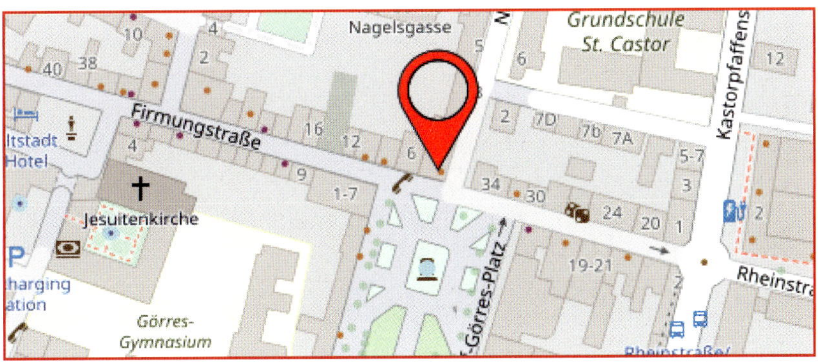

08

Heribertsturm

Variabel in seiner Funktion

Klick, klack, klick, klack – was kann das sein, das ein solches Geräusch macht? Steht man vor der Tür des Heribertsturmes in Ehrenbreitstein, dann kann man das Klicken und Klacken deutlich hören. Manfred Diehl, Vorsitzender des Verwaltungsrates der katholischen Pfarrgemeinde „Heilig Kreuz“, weiß über den einstigen Wehrturm in Ehrenbreitstein Bescheid, denn er ist mit der Ehrenbreitsteiner Kirche eng verbunden. „Erbaut wurde der Turm 1588 durch den Kurfürsten Johann VII. von Schönberg auf dem Gelände eines ehemaligen Augustinerklosters, das jedoch 1572 aufgelöst wurde“, erzählt Diehl. Seinen Namen hat er von einer dem Heribert geweihten Kapelle, die bereits im 13. Jahrhundert in Ehrenbreitstein stand. Dass der Turm bis heute erhalten geblieben ist, ist ein wahres Glück, denn er hat sowohl die Zerstörung von Ehrenbreitstein während des Dreißigjährigen Krieges (1618-1648) als auch den Ersten und Zweiten Weltkrieg überstanden. Seit 1848 trägt er einen formschönen, neugotischen Fachwerkaufsatz.

Für seine heutige Funktion ist er in ganz Ehrenbreitstein bekannt, selbst bei den jüngsten Bewohnern des Koblenzer Stadtteils. Denn das, was sich in seinem Inneren verbirgt, ist im 15-Minutentakt zu hören. Er wurde 1848 zum Glockenturm der Pfarrgemeinde „Heilig Kreuz“ umfunktioniert. Drei Glocken beherbergt der Heribertsturm – die Marienglocke, die Christkönigsglocke und die Sebastianusglocke – und die läuten alle zu ihrer Zeit. Damit sie das können, brauchen sie ein zuverlässiges Uhrwerk. Auch das befindet sich im Heribertsturm neben der Heilig-Kreuz-Kirche.

„Wir haben hier ein original Weule Uhrwerk aus dem Jahr 1891. Davon gibt es nur noch sehr wenige.“

Warum es ein besonderes Uhrwerk ist, das kann Manfred Diehl erklären: „Wir haben hier ein original Weule Uhrwerk aus dem Jahr 1891. Davon gibt es nur noch sehr wenige. Eines steht in China, eines in Namibia

Manfred Diehl kennt den Heribertsturm in- und auswendig.

und das älteste Weule Uhrwerk, aus der Zeit vor 1800, findet man in Goslar."

Doch der Turm ist nicht als Glockenturm erbaut worden. Er hatte in der Vergangenheit eine ganz andere Funktion. Welche, das erklärt Manfred Diehl: „Ein Wehrturm ist er gewesen. Er sollte dem Schutz der kurfürstlichen Kellerei dienen." Hatte der Kurfürst etwa so teure Weine in seinem Keller, dass er einen eignen Wehrturm dafür brauchte? Nein. Wer bei dem Wort „Kellerei" an Wein denkt, der liegt falsch. Eine Kellerei hatte zur Zeit der Erbauung des Turmes nämlich nichts mit dem alkoholischen Traubensaft zu tun. „Darunter kann man sich den Vorläufer des Finanzamtes vorstellen", erklärt der Vorsitzende des Verwaltungsrates. Der „Zehnte" war eine zehnprozentige Steuer in Form von Geld oder Naturalien, die die Bevölkerung an die Obrigkeit zahlen musste. „Und diese Abgaben wurden als Teil des kurfürstlichen Vermögens in der Kellerei verwaltet." Die kurfürstliche Kellerei, die sich in einem Gebäude des aufgelösten Augustinerklosters befand, gibt es nicht mehr. Aber der Heribertsturm zeugt bis heute von ihrer einstigen Existenz.

Christl Eberlein

So geht's zum Heribertsturm:

Der Turm steht neben der Heilig Kreuz Kirche, An der Kreuzkirche 5 in Ehrenbreitstein.

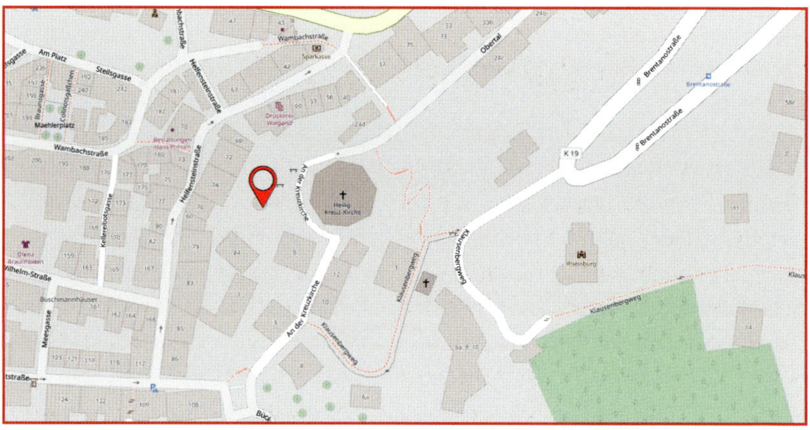

Neben dem Conopeum in der Kirche Sankt Kastor steht Michael Hörter. Er war dabei, als der große, besondere Schirm einmalig zum Einsatz kam.

09

Conopeum

Schirm in der Kirche

Regnet es hier etwa rein? Bröckelt der Putz von der Decke? Oder warum steht ein großer Schirm in der dem heiligen Kastor geweihten Kirche? Noch bevor der Blick des Eintretenden den Hochaltar in der katholischen Pfarrkirche zum Heiligen Kastor erreicht, bleibt das Auge beinahe unwillkürlich an einem überdimensionalen rot-gelben Schirm hängen. Befände man sich nicht in einer Kirche, dann drängte sich wohl die Assoziation zum Dach eines Karussells auf. Aber damit hat dieser Schirm nun rein gar nichts zu tun. Michael Hörter, der von 1982 bis 1996 Vorsitzender des Pfarrgemeinderates von Sankt Kastor war, klärt auf: „Es handelt sich hierbei um ein Conopeum, so die offizielle Bezeichnung des Schirms in lateinischer Sprache. Entlehnt aus dem Griechischen bedeutet dies so viel wie zeltartiges Mückennetz." Erst ein rätselhafter Schirm und jetzt soll dieser auch noch ein Mückennetz sein? Michael Hörter kennt die Hintergründe, denn er war dabei, als der Koblenzer Pfarrkirche in der Altstadt eine besondere Ehre zuteilwurde und der Schirm zu diesem Anlass zum Einsatz kam. „Die Kirche hat eine fast 1200-jährige Geschichte. Wichtige Ereignisse haben hier stattgefunden und mit ihrer wertvollen romanischen Ausstattung ist sie auch als Gebäude herausragend."

Der erste Bau der Kirche wurde im 9. Jahrhundert errichtet und am 12. November 836 geweiht. Gebaut wurde sie unter Ludwig dem Frommen (778-840). Das Gotteshaus ist die älteste Kirche von Koblenz und wurde mehrfach in der Geschichte zum denkwürdigen Versammlungsort. Eine bedeutende Zusammenkunft fand im Jahr 842 statt, als sich dort die Bevollmächtigten der drei Söhne Ludwigs des Frommen trafen, um über die Aufteilung des karolingischen Reiches zu verhandeln. Das Ergebnis dieser Verhandlungen war der ein Jahr später geschlossene Vertrag von Verdun.

Und in dem Kirchenbau liegt in einem kunstvoll verzierten Schrein in der Form eines Hauses ein Stück der Schädeldecke der seligen Rizza. Sie soll die Tochter von Ludwig des Frommen gewesen sein, der den Bau der ersten Sankt Kastor Kirche veranlasst hat. Ein weiteres Mal macht die Kirche mit der Verleihung eines raren Titels auf sich aufmerksam. Die katholische Pfarrkirche zum Heiligen Kastor wurde nämlich von Papst Johannes Paul II. (1920-2005) urkundlich im Jahr 1991 zur „Basilika minor" erhoben. Diesen Titel tragen bisher nur 78 der in Deutschland rund 40.000 Kirchen. Er wird vom Papst nur an bedeutende Kirchengebäude verliehen.

Aber was hat es nun genau mit dem Schirm, dem Conopeum, auf sich? Dieser ist, auch wenn das Wort als „Mückennetz" übersetzt wird, kein Schutz gegen lästige Insekten, sondern eines der beiden Insignien einer päpstlichen Basilika. Die kann man allerdings nicht einfach in einem Laden kaufen. Ein solcher Schirm muss angefertigt werden. „In unserem Fall hatten wir das Glück, im Pfarrgemeinderat einen Schreiner- und einen Raumausstattermeister zu haben. Den Herren war es natürlich eine große Ehre, den Schirm herstellen zu dürfen! Und die Gemeinde ist günstig zu dem besonderen Schirm gekommen."

Die Besonderheit der päpstlichen Insignie beginnt schon bei den Materialien und beim Aufbau. Es handelt sich um einen auf einer Tragestange angebrachten kegelförmigen Schirm aus rotgelb gestreifter, geflammter Seide. Über dem zeltartigen Schirm läuft die Stange in einer Kugel aus, die von einem Kreuz überragt wird.

Dieser Schirm kam dann schließlich am 16. Februar 1992 zum Einsatz, als der Gottesdienst zur Erhebung von Sankt Kastor zur „Basilika minor" stattfand. Dem Gottesdienst stand der Apostolische Nuntius, Erzbischof Dr. Lajos Kada, vor. „Und just an diesem Tag schleppte der Schreinermeister im schwarzen Anzug den Schirm in die Kirche." Doch das war keine so leichte Aufgabe, erinnert sich der damalige Vorsitzende des Pfarrgemeinderates, denn „welches Gewicht genau der Schirm hat, das kann ich nicht sagen, aber er ist schon recht schwer, so dass es eines kräftigen Trägers bedurfte. Im aufgespannten Zustand hat er jedenfalls einen Durchmesser von einem 120 Zentimetern." An seinem heutigen Standort in der Basilika Sankt Kastor ist er durch eine Halterung fest mit dem südöstlichen Vierungspfeiler verbunden – zum Glück, denn sonst bliebe die Kirchenbank in der „Basilika minor" zu Koblenz, die direkt neben dem Schirm steht, vermutlich grundsätzlich leer.

Christl Eberlein

So geht's zum Conopeum:

Es befindet sich in der „Basilika minor" Sankt Kastor im Kastorhof 4.

adidas
Dokumentation
Herzogtum

Sockel

Hier fängt Preußen an

Das Erbe der Preußen ist mehr als 100 Jahre nach der Abdankung des letzten deutschen Kaisers Wilhelm II. (1859-1941) im Jahr 1918 an vielen Stellen noch immer gegenwärtig. Auch in Koblenz, das seit dem Wiener Kongress von 1814/1815 und der damit verbundenen Neuordnung Europas unter der Herrschaft König Friedrich Wilhelm III. (1770-1840) stand, spielt das Reich noch eine wichtige Rolle – unter anderem durch die damalige Grenze zum Herzogtum Nassau, die zwischen Koblenz und Lahnstein verläuft und bis heute für so manche bürokratische Kuriosität sorgt.

Wirklich sichtbar ist besagte Grenze kaum noch, obwohl sie an vielen Punkten zumindest unbewusst präsent ist, so zum Beispiel an der Kreuzung von Emser Straße, Koblenzer Straße und Didierstraße. Einst befand sich hier einer der zehn wichtigsten Grenzübergänge Nassaus, den ab 1827 eine mehr als dreieinhalb Meter hohe Marmorsäule markierte. Nach der Annexion des Herzogtums durch die Preußen im Jahr 1866 wurde sie kurzerhand auf einen Acker geworfen und drei Jahre später als Denkmal wieder aufgestellt. 2014 hat man sie schließlich restauriert und vor dem Nassau-Sporkenburger Hof in der Johannesstraße wieder aufgestellt. An ihrer mehr oder weniger ursprünglichen Position – 1980 hatte man sie wegen einer Straßenverbreiterung um vier Meter versetzt – deutet jetzt nur noch der weiße Sockel auf die Grenzsäule hin.

Auch an anderen Orten kann man Überbleibsel der alten Grenze zwischen Nassau und Preußen finden, vorausgesetzt, man ist gut zu Fuß und scheut kein unwegsames Gelände. Mehr als 600 Markierungssteine haben allein die Umrisse des ehemaligen Nassauischen Westerwalds definiert – und jeden einzelnen haben Wilfried Göbler, Manfred Holl und der inzwischen verstorbene Reimund Haas in den vergangenen zehn Jahren gesucht und nach Möglichkeit dokumentiert. Im Koblenzer Stadtgebiet sind sie dabei ebenfalls erfolgreich gewesen, auch wenn es dabei mitunter ein paar Schwierigkeiten zu überwinden galt. „Der Schlussstein jenes Grenzabschnitts, der vom ehemaligen Truppenübungsplatz

Bild oben: Wilfried Göbler (rechts) und Manfred Holl mit dem ersten Teil ihrer Dokumentation über die Grenzsteine.
Bild unten: Auf diesem Sockel stand einst die Grenzsäule, die einen der wichtigsten Grenzübergänge des Herzogtums Nassau markierte.

Stegskopf bei Daaden bis zum Rhein verläuft, liegt zwischen der Didierstraße und dem Leinpfad auf dem Gelände der Lahnsteiner Firma Liesen“, erklärt Göbler. „Letzteres ist aber nicht öffentlich zugänglich, und von der Straße aus sieht man den Stein inzwischen leider gar nicht mehr, weil der Boden seit unserem letzten Besuch im August 2015 wohl etwas aufgeschüttet worden ist.“ Weitere Grenzsteine fanden die drei Pensionäre auf der Schmidtenhöhe am Rand der militärischen Sperrzone sowie nahe der Schutzhütte am oberen Ende der Ruppertsklamm.

Die Grenze zwischen Preußen und Nassau geht auf den Wiener Kongress und die dort vereinbarte Neuordnung Deutschlands zurück. Allerdings wandten sich beide Staaten zunächst inneren Reformen zu; erst 1830 beauftragten sie eine gemeinsame nassauisch-preußische Kommission, die Grenze abzusteinern und zu kartografieren. „Die Steine bestehen aus Trachyt beziehungsweise Basaltlava, wogen rund fünf Zentner und ragten ursprünglich 80 Zentimeter aus dem Boden“, so Holl. „Trotz dieser Maße haben wir längst nicht alle von ihnen finden können – innerhalb des ersten Grenzabschnitts zwischen Daaden und Koblenz nur 105 von insgesamt 174. Was mit den restlichen Steinen geschehen ist, konnten wir nicht ermitteln. Vermutlich sind zumindest einige bei Forstarbeiten entfernt worden.“

„Die Steine bestehen aus Trachyt beziehungsweise Basaltlava, wogen rund fünf Zentner und ragten ursprünglich 80 Zentimeter aus dem Boden.“

Mit erstaunlicher Akribie und Ausdauer haben die drei Herren die alten Grenzen mit einer Gesamtlänge von etwa 500 Kilometern abgelaufen. „Wir haben historisches Kartenmaterial zu Rate gezogen und von der Unteren Denkmalschutzbehörde die Erlaubnis eingeholt, die noch vorhandenen Grenzsteine zu suchen und gegebenenfalls freizulegen“, erzählt Göbler und lacht. „Ich war fast 40 Jahre lang Kriminalbeamter, Recherchieren und Aufspüren liegt mir also quasi im Blut.“ Bei ihren Erkundungen haben er und seine Mitstreiter so manche Überraschung erlebt – und immer wieder festgestellt, dass die Grenzen zumindest in Teilen doch noch Bestand haben. „Als man nach dem Zweiten Weltkrieg Deutschland neu strukturierte, hat man sich beim Zuschnitt der Gemeinden natürlich so gut wie möglich an den bestehenden Strukturen orientiert, und die gehen nun einmal oft auf die von Preußen zurück", führt Holl aus. „Das hat dazu geführt, dass zum Beispiel Wiedischhausen mit Elgert zum Landkreis Neuwied gehört, während das ehemalige Trierischhausen mit Maroth, in dem ich früher Bürgermeister war, im Westerwaldkreis liegt, aber eine Exklave im Landkreis Neuwied besitzt. Das sind dann schon sehr spezielle Verhältnisse." Noch skurriler sei allerdings die Situation im Wohngebiet Horchheimer Höhe, das zum Teil zu Koblenz und zum anderen Teil zu Lahnstein gehört. „Wir haben dort einen Anwohner getroffen, auf dessen Grundstück wir den von uns gesuchten Grenzstein Nummer 173 vermuteten", erinnert sich Göbler. „Der Mann bestätigte uns, dass sowohl die ehemalige Staats- als auch die heutige Ortsgrenze quer durch seinen Garten verlaufen würde. Für ihn habe dies zur Folge, dass er sowohl in Koblenz als auch in Lahnstein Grundsteuer zu zahlen habe." Den fraglichen Stein des Anstoßes haben die drei Herren allerdings nicht gefunden.

> „Der Mann bestätigte uns, dass sowohl die ehemalige Staats- als auch die heutige Ortsgrenze quer durch seinen Garten verlaufen würde."

Thomas Kölsch

So geht's zum Sockel:

An der Kreuzung von Emser Straße, Didierstraße und Koblenzer Straße in Richtung Lahnstein fahrend auf der rechten Seite.

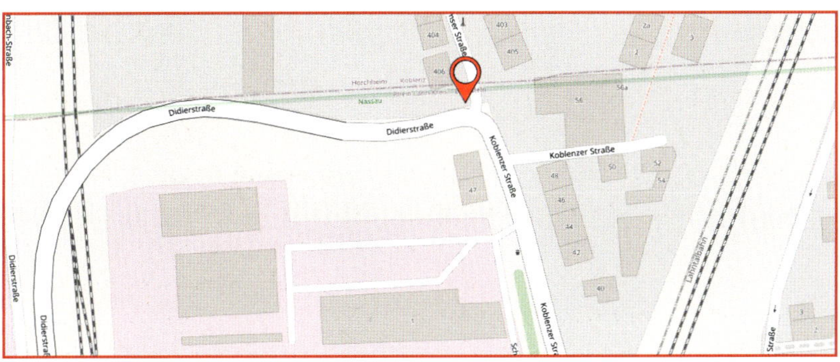

DIR O MARIA IVNGFRAV REIN LAS COBLENZ ANBEFOHLEN SEIN

11

Wappen

Ein Fürstbischof und ein Musiker

Mitten im Herzen der Koblenzer Altstadt steht die Liebfrauenkirche, eines der Wahrzeichen der Stadt. ‚Onser Modderkerch', nennen sie liebevoll die Koblenzer. „Sie erzählt mit ihren vielen Kostbarkeiten und Kunstgegenständen von der vielfältigen Geschichte, den zerstörerischen Kriegen, aber auch dem stetigen Aufbauwillen der Koblenzer", berichtet Marlis Weiß, Gästeführerin der Stadt und ehemalige Assistentin des Oberbürgermeisters der Stadt Koblenz. Eine dieser Kostbarkeiten hat es ihr ganz besonders angetan. Sie ist nicht auf den ersten, nicht auf den zweiten, vielleicht aber auf den dritten Blick eines unwissenden Betrachters zu erkennen. Doch die meisten Menschen sehen das Schmuckstück über dem Hauptportal der Kirche vermutlich gar nicht. Dabei handelt es sich um eine spätbarocke Holzschnitzerei, die das Wappen des Landesherrn Johann Philipp von Walderdorff (1701-1768) zeigt. Von 1756 bis 1768 war er Erzbischof und Kurfürst von Trier und residierte in der Philippsburg in Koblenz-Ehrenbreitstein. 1765 ließ der Kurfürst das Spitzbogenportal und die spätbarocke Holztür in die Westfassade der Liebfrauenkirche einsetzen. Am Horizontalbalken über der Türe befindet sich sein Wappen.

Dass es übersehen oder nicht beachtet wird, könnte an der Muttergottes mit dem Jesuskind liegen, die ebenfalls über dem Hauptportal ganz deutlich zu sehen ist. Als Besonderheit trägt sie symbolhaft die Amtskette des Oberbürgermeisters um den Hals. „Ein Zeichen dafür, dass sie die erste Schutzpatronin von Koblenz ist", berichtet Marlis Weiß.

Doch die Geschichte der Liebfrauenkirche birgt noch viel mehr, sie reicht schließlich von der Romanik über die Gotik und den Barock bis in die Zeit nach dem Zweiten Weltkrieg. „Sie heißt nicht nur ‚Liebfrauenkirche', sie erzählt uns unter anderem mit ihren Chorfenstern von bedeutenden Frauen der Heilsgeschichte. Ein Kirchenfenster, auf dem das brennende Koblenz zu sehen ist, ist den Trümmerfrauen gewidmet, die Koblenz wieder mit aufgebaut haben. Weitere Schätze sind der Grabstein der Jüdin Hannah und die Pieta, also die Darstellung von Maria

Zuweilen schlüpft Marlis Weiß in die Rolle der Anna Clara Westorff, um den Besuchern der Stadt die Historie näher zu bringen.

als Mutter mit dem vom Kreuz abgenommenen Leichnam Jesu im Schoß, in einem Seitenteil der Kirche", zählt die Gästeführerin auf. Doch eine ganz besondere Frau hat sie bisher noch nicht erwähnt. Tatsächlich ist ihr Bildnis in der Liebfrauenkirche auch nicht zu entdecken, auch keine Inschrift deutet auf sie hin. Und doch ist sie mit der

Wappen des Fürstbischofs Johann Philipp von Walderdorff.

Liebfrauenkirche und dem bereits genannten Wappen über dem Hauptportal eng verbunden. Ohne diese Frau würde es die *Europahymne*, die Opern *Fidelio* und *Leonore* und das berühmte Klavierstück *Für Elise* nicht geben.

Geht es etwa um Elise Leonore, die Tochter von Fidelio Europa? Unsinn! Diese beiden Namen sind durch und durch ausgedacht! Aber welches Geheimnis steckt in dem Wappen? Und was haben der Kurfürst Johann Phillip von Walderdorff und diese besondere Frau, die übrigens Anna Clara Westorff (1707-1768) hieß, damit zu tun?

Marlis Weiß kann das Geheimnis lüften, denn sie hat sich intensiv mit dem Leben von Anna Clara Westorff beschäftigt. Kein Wunder, als „Ehrenbreitsteiner Mädchen" ist sie in diesem Teil der Stadt aufgewachsen. Ein Großteil der Geschichte von Anna Clara ist ebenfalls mit Ehrenbreitstein verknüpft und dort auch bis heute deutlich zu erkennen. Bei ihrer szenischen Darstellung schlüpft Marlis Weiß sogar in die Rolle und die nachempfundene Kleidung dieser Frau und geleitet ihre Zuhörer in einer ganz besonderen Art und Weise durch die Koblenzer Historie des 18. Jahrhunderts.

Die Geschichte des Wappens beginnt mit Johann Heinrich Keverich, „getauft am 14. Januar 1702 in Ehrenbreitstein", ergänzt Marlis Weiß, um die Handlung zeitlich zu verorten. Er entstammte einer alteingesessenen Ehrenbreitsteiner Familie. Sein Vater war Hofkutscher am kurtrierischen Hofe. Auch Johann Heinrich wurde dort angestellt, in der Hofküche. Er arbeitete ab 1744 als Hofkoch und wurde einige Jahre später sogar Oberhofkoch im Von-der-Leyenschen Hof. Er war also der „Chef der Cuisine“ und als solcher für alles zuständig, was mit dem leiblichen Wohl der Kurfürsten und der hohen Herrschaften zusammenhing. Eine verantwortungsvolle Aufgabe!

Doch zunächst noch einmal ein paar Jahre zurück, vor das Jahr 1731. Denn eines Tages traf Johann Heinrich auf eine junge Frau, die ihm wohl sehr gefallen hat. Marlis Weiß berichtet über dieses Mädchen: „Sie war die Tochter einer wohlhabenden Koblenzer Kaufmannsfamilie und Johann Heinrich nahm die 23-Jährige im Jahr 1731 in der Liebfrauenkirche zu seiner angetrauten Ehefrau. In dieser Kirche war sie im Jahre 1707 bereits getauft worden.“

Johann Heinrich – Koch und verheiratet – startete nun also seine Karriere, wie man heute sagen würde. Kurfürst von Schönborn (1682-1756) ernannte ihn zum Oberhofkoch und auch dessen Nachfolger, Erzbischof und Kurfürst Johann Phillip von Walderdorff (1701-1768), vertraute ihm diesen wichtigen Posten an. Die Eheleute Keverich wohnten die ersten gemeinsamen Jahre in Koblenz, siedelten dann aber nach Ehrenbreitstein um. Für seine guten Dienste bei Hofe erhielt Oberhofkoch Keverich eine gute Entlohnung und nicht selten Geschenke von hohem Wert. Sie waren wohlhabend zu nennen. Und in diese gut situierte Familie, die in der Wambachgasse 204 in Ehrenbreitstein wohnte, wurde am 19. Dezember 1746 als sechstes und jüngstes Kind, Maria Magdalena Keverich hineingeboren. Maria Magdalena (1746-1787) heiratete mit nicht einmal 17 Jahren den kurfürstlichen Kammerherren Johann Leym. Dieser starb jedoch zwei Jahre später (im November 1765) und machte die junge Frau aus Ehrenbreitstein zur Witwe. Aber sie sollte nicht allzu lange alleine bleiben. Es war vermutlich wohl eine Kusine, die den Hofviolinisten Johann Konrad Rovantini (n/a -1766) zum Mann nahm und nach Bonn zog, durch den Maria Magdalena ebenfalls einen Musiker aus Bonn kennen und lieben lernte. Er war Sänger und als solcher Mitglied der Bonner Hofkapelle. 1767 schlossen Maria Magdalena und der Sänger Johann den Bund der Ehe. Dies bedeutete für die junge Ehefrau zwar eine Trennung vom vertrauten Elternhaus, ermöglichte ihr aber einen ähnlichen Lebensstandard wie bisher. Das Paar bekam sieben Kinder, von denen jedoch nur drei das Erwachsenenalter erreichten. Eines dieser drei Kinder war Sohn Ludwig. Wie sein Vater, widmet sich auch Ludwig der Musik. Er wuchs zu einem der größten und bedeutendsten Komponisten bis in die heutige Zeit heran: Ludwig van Beethoven (1770-1827).

Ein weit gespannter Bogen von Johann bis zu Ludwig. Aber „Johann Heinrich Keverich war der Großvater des weltberühmten Musikers, der als einer der bekanntesten Komponisten seiner Zeit in die Geschichte eingegangen ist und dessen Werke bis heute die Menschheit berühren“, findet sicher nicht nur Marlis Weiß. „Ludwig van Beethoven, man kennt meist nur Bonn, seine Geburtsstadt und spricht von Wien, wo er so wunderbar komponierte, doch seine mütterlichen Wurzeln befinden sich in Koblenz und Ehrenbreitstein“ freut sich die Gästeführerin.

Auch wenn Ludwig van Beethoven nie selbst in Koblenz gewohnt hat, dürfte er doch mit der Mutter bei der Verwandschaft in Ehrenbreitstein zu Besuch gewesen sein. Seine Wurzeln sind jedenfalls deutlich in der Stadt an Rhein und Mosel zu finden: im Geburtshaus von Maria Magdalena Keverich, dem heutigen „Mutter Beethoven Haus“ in Ehrenbreitstein, am Hofe der Kurfürsten von Schönborn und von Walderdorff, durch die seine Vorfahren zu Wohlstand gekommen sind und in der Liebfrauenkirche zu Koblenz, in der seine Großeltern Johann Heinrich und Anna Clara geheiratet haben und an deren Hauptportal das Wappen des Kurfürsten Johann Philipp von Walderdorff zu finden ist.

Christl Eberlein

So geht's zum Wappen:

Das Wappen befindet sich am Hauptportal der Liebfrauenkirche im Horizontalbalken zwischen Tür und Fenster, An der Liebfrauenkirche 16 in der Koblenzer Altstadt.

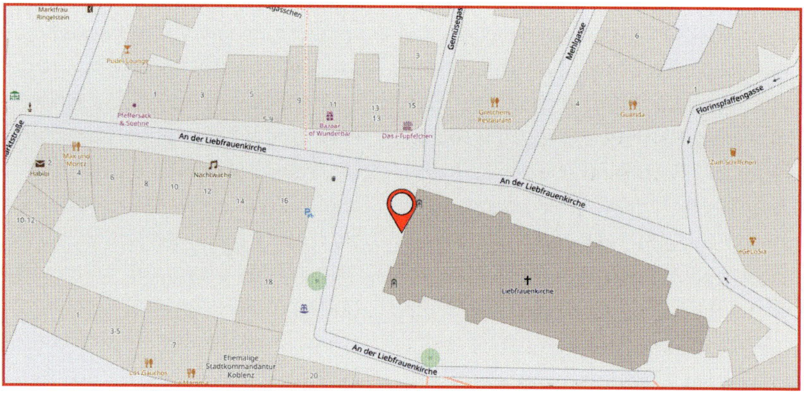

Jutta Laubenthal steht vor der unauffälligen Tafel am Haus Nummer 262 in der Hofstraße. Von dem ehemaligen Glanz des Hauses und seiner berühmten Bewohnerin ist heute nichts mehr zu sehen.

Steintafel 12

Frauenpower in Reinform

Koblenz gehört zu den ältesten Städten Deutschlands und blickt auf eine über 2000-jährige, bewegte Geschichte zurück. Die Römer, die auf dem heutigen Stadtgebiet erstmals eine befestigte Siedlung errichteten, maßen dem Ort Bedeutung bei. Nach deren Rückzug im 5. Jahrhundert waren es die Franken, die die Stadt prägten. Koblenz erblühte während der Herrschaft der Erzbischöfe und Kurfürsten von Trier und es entstand eine Vielzahl kultureller Schätze in Form von Kirchen, Schlössern und Festungsanlagen. Nach einer kurzen, aber prägenden französischen Zeit, entdeckten im 19. Jahrhundert die Preußen das schöne Koblenz. Die Stadt in der Rheinprovinz wurde zu einem der mächtigsten Festungssysteme in Europa ausgebaut. Kein Wunder also, dass in Koblenz einige bedeutende Ereignisse stattgefunden haben und die Stadt schon viele berühmte Gesichter gesehen hat. Ob hier geboren oder als Gast für eine bestimmte Zeit verweilt: Das Flair, den Glanz und die Schönheiten von

Koblenz der jeweiligen Epoche wollten sich viele nicht entgehen lassen.

Ein Treffpunkt für Dichter und Denker des 18. Jahrhunderts war das Wohnhaus von Sophie La Roche (1730-1807) in Ehrenbreitstein. Jutta Laubenthal war sich der Bedeutung des Ortes, an dem eine Steintafel an die einstigen Bewohner hinweist, nicht bewusst. Erst als ihr eine Freundin von der berühmten Autorin vorschwärmte, wurde ihr Interesse geweckt. „Vom anderen Rheinufer aus habe ich schon oft nach Ehrenbreitstein geschaut und auch das Haus La Roche gesehen. Wer genau Sophie von La Roche war und was in dem Haus stattgefunden hat, das wusste ich bis dahin nicht."

Sophie von La Roche war und ist eine literarische Berühmtheit. In ihrem Haus in Koblenz-Ehrenbreitstein trifft sich ab 1771 alles, was in der deutschen Literatur bis heute Rang und Namen hat. Sophie wurde am 6. Dezember 1730 in Kaufbeuren, als Tochter des Arztes Georg Friedrich Gutermann (1705-1784) geboren. Schon im frühen Kindesalter entdeckt sie ihre Liebe zum Lesen und Schreiben. Sie liest alles, was die Bibliothek des elterlichen Hauses hergibt und verfasst – heimlich – eigene Texte. Ginge es nach dem Vater, dann würde aus Sophie eine „brave Hausfrau", etwas anderes schickt sich schließlich nicht für eine junge Dame im 18. Jahrhundert. Doch das ist ihr schon als junges Mädchen viel zu wenig. Ihr erster Verlobter, Giovanni Lodovico Bianconi (1717-1781) unterstützt ihren Wissensdurst durch Unterricht unter anderem in Mathematik, Musik und Kunstgeschichte. Der Vater jedoch verhindert eine Heirat mit dem katholisch getauften Bianconi. Kurze Zeit darauf verliebt sich Sophie in ihren Cousin Christoph Martin Wieland (1733-1813). Auch er gehörte zu den berühmten Dichtern des späten 18. Jahrhunderts. Doch er ist viel auf Reisen, so dass diesmal Sophie selbst die Verlobung löst, da sie nicht ständig allein sein möchte. Die beiden werden jedoch zeitlebens ein freundschaftliches Verhältnis haben.

Im Alter von 23 Jahren heiratet Sophie schließlich den kurmainzischen Hofrat Georg Michael Frank La Roche (1720-1788). Durch ihn lernt sie das höfische Leben kennen und wächst in die Rolle einer gebildeten Gesellschafterin hinein. 1771 holt Kurfürst Clemens Wenzeslaus (1739-1812) den Hofrat La Roche in die Residenzstadt Koblenz. Das Ehepaar La Roche lässt sich in Ehrenbreitstein nieder.

Sophie ist 40 Jahre alt, als sie ihr erstes Buch verfasst. Der teilweise autobiographische Briefroman mit dem Titel *Die Geschichte des Fräuleins von Sternheim* wird ein großer Erfolg. Wieland, der mittlerweile einer der bedeutendsten Schriftsteller der Aufklärung ist, ist von ihrem Werk begeistert. Er veröffentlicht Sophies Roman zunächst anonym und ebnet ihr als Herausgeber den Weg zum Publikum. Auch andere Autoren ihrer Zeit erkennen sie als große Schriftstellerin an und sind gerne Gast im Haus La Roche, wo die Hausherrin 1771 den ersten Literatursalon am Mittelrhein etablierte. Zu ihren Gästen zählen Johann Wolfgang von Goethe, Wilhelm Heinse, Johann Kaspar Lavater, Friedrich Heinrich Jacobi und zahlreiche andere Schriftsteller, Künstler und Wissenschaftler.

Sophie von La Roche ist an der Entwicklung einer literarischen Kultur in der Stadt nicht unwesentlich beteiligt, wodurch etwa Buchhandlungen und eine öffentliche Bibliothek entstehen. Ihr schriftstellerisches Talent gibt sie an ihre Nachkommen weiter: Die älteste Tochter, Maximiliane, ist die Mutter von Bettina und Clemens Brentano. 1780 endet das Wirken von Sophie La Roche in Koblenz. Ihr Mann, der bei Kurfürst Clemens Wenzeslaus wegen seiner Kritik am Ordenswesen in Ungnade gefallen ist, muss seinen Dienst quittieren, die Familie zieht nach Speyer.

„Was viele nicht wissen", meint Jutta Laubenthal, „Sophie von La Roche war die Herausgeberin der ersten deutschen Frauenzeitschrift. Lange vor *Emma, Brigitte* und Co. gab sie die Frauenzeitschrift *Pomona für Teutschlands Töchter* heraus. Insgesamt 24 Ausgaben gab es von der Zeitschrift, die unter anderem von der russischen Zarin Katharina der Großen abonniert wur-de." In dieser Zeitschrift, die 1783 und 1784 einmal im Monat erschien, fanden sich Gedichte und Erzählungen, Gedanken zu guten Umgangsformen, Mode, Ideen zum zeitgemäßen Schulunterricht für Mädchen und Reiseberichte. Sophie von La Roche soll mit ihrem Magazin das Selbstbewusstsein ihrer Leserinnen bestärkt haben wollen. Ob ihr das wohl gelungen ist?

Christl Eberlein

So geht's zur Steintafel:

Das ehemalige Wohnhaus der Schriftstellerin befindet sich in der Hofstraße 262 in Ehrenbreitstein.

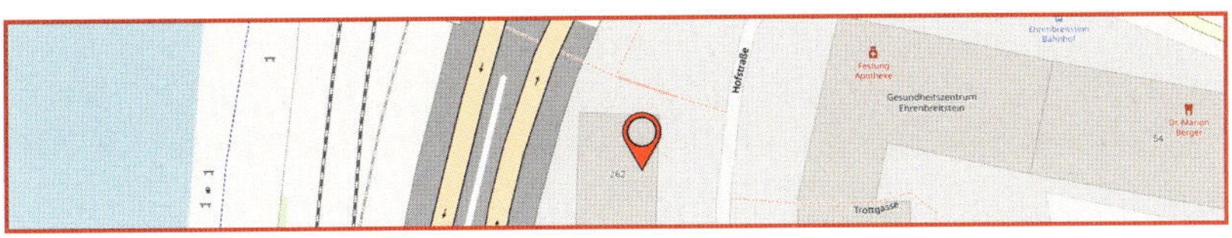

Matthias Kellermann steht im Eingang zum Schlosspark neben dem Fischerrelief.

13 Fischerrelief

Ein rätselhaftes Feigenblatt

Direkt neben dem rheinseitigen Eingang des Schlossgartens prangt, von Büschen beschattet, ein ehemaliger Skandal: Das dort hängende Relief des Berliner Bildhauers Ludwig Cauer (1866-1947), das vier nackte Fischer bei ihrer Arbeit zeigt, hat 1915 für einen Sturm der Empörung in der Koblenzer Bürgerschaft gesorgt. Das Kunstwerk, ein Geschenk des „Preußischen Ministeriums der Geistlichen, Unterricht- und Medizinalangelegenheiten", galt so manchem Bürger damals als anstößig, weil – so bestätigen verschiedene Quellen – bei einer der Figuren ein Penis hervorlugte, den ein Netz gerade so nicht verdeckte. Den Vorschlag der Stadtverordnetenversammlung, das Geschlechtsteil mit einem Feigenblatt zu verstecken, wies Cauer empört zurück, und so musste sich erst der Oberpräsident der Rheinprovinz einschalten, bevor das Relief 1917 in seiner ursprünglichen Form angebracht wurde. Damit könnte die Geschichte ihr Ende gefunden haben – wenn heutzutage nicht genau so ein Blatt den Blick auf das Fischergemächt verhindern würde. Wie also kommt es gegen den Willen Cauers dahin?

Eine eindeutig belegbare Antwort auf diese Frage lässt sich trotz intensiver Recherchen nicht geben. Der Lokalhistoriker Matthias Kellermann hat jedoch eine durchaus schlüssige Theorie: „Ich habe in einem alten Buch über die Besatzungszeit nach dem Ersten Weltkrieg einen interessanten Eintrag gefunden", erklärt er. „Darin steht, dass etwa 20 belgische Soldaten in der Nacht vom 10. auf den 11. November 1927 in den Rheinanlagen gewütet haben. Sie sollen Zäune und Blumenbeete verwüstet, eine Bank in Trümmer geschlagen sowie zwei Terrakotta-Statuen umgestürzt haben, die Wissenschaft und Kunst symbolisieren sollten. Außerdem haben sie dem Bericht zufolge die Fischerplakette ‚in Scherben und Fetzen' geschlagen." Wie massiv der Schaden tatsächlich war und was genau mit dem Relief geschah, darüber gäbe es keine Unterlagen. „Ich könnte mir aber vorstellen, dass man bei der Restaurierung das Feigenblatt klammheimlich und ohne Wissen des Künstlers hinzugefügt hat. Zumindest habe ich keinen Hinweis darauf gefunden, dass Cauer selbst das Relief nach der Zerstörung wiederhergestellt hat." Immerhin hätte er aber die Gelegenheit dazu gehabt: Ab 1918 lebte der Bildhauer in Bad Kreuznach, knapp 80 Kilometer von Koblenz entfernt.

Wer das Relief wieder instand gesetzt hat, ist ungeklärt. Sofern es ein Restaurator war, hat dieser auf jeden Fall ganze Arbeit geleistet und den Stil Cauers perfekt kopiert. Vielleicht hat er sich dabei auch einfach an dem Originalentwurf orientiert, der die Zeiten bis heute unbeschadet überdauert hat. Er befindet sich seit 1932 am Fischerturm auf der Wilhelmsbrücke in Bad Kreuznach. Ohne Feigenblatt.

Thomas Kölsch

So geht's zum Fischerrelief:

Das Relikt befindet sich an der dem Rhein zugewandten Seite des Koblenzer Schlosses.

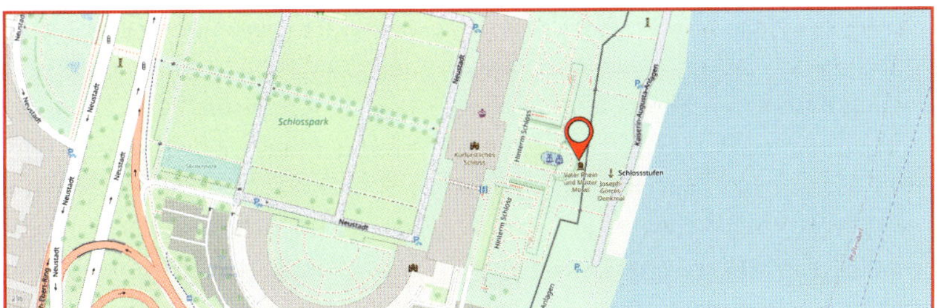

Blemersch Klär darf bei den Koblenzer Originalen nicht vergessen werden. Marlis Weiß lehnt kameradschaftlich an der Skulptur hinter dem „Eltzerhof".

14 Skulptur

Koblenzer Original

Originale werden Menschen genannt, die durch ihre unverwechselbare Art, ihr Auftreten oder auch durch eine andere Eigenschaft einfach im Gedächtnis bleiben müssen. Personen, bei deren namentlicher Erwähnung sogar noch nach ihrem Tod gesagt wird: „Ja genau, das war doch die oder der!" Solche Persönlichkeiten gibt es natürlich auch in Koblenz. Die Denkmäler, die ihnen gesetzt wurden, sind in der Altstadt verteilt, man findet sie auf Plätzen, in Straßen und Gassen und in kleinen Grünanlagen. Ihre Geschichten werden seit Jahrzehnten von den Koblenzern überliefert und die Gästeführer erzählen sie den Besuchern der Stadt. Die Koblenzer kommen unweigerlich an ihnen vorbei, wenn sie zur Arbeit oder Schule gehen, einen Bummel durch die Altstadt mache oder abends von einer der vielen gemütlichen Gaststätten nach Hause gehen. Gästeführerin Marlis Weiß kennt alle sieben. Aber halt, wenn man etwas über die „Koblenzer Originale" hört und liest, dann ist immer nur von sechs Figuren die Rede. „Ja, die siebte Figur hinter dem Eltzerhof wird einfach vergessen", sagt sie und beginnt mit der Aufzählung.

Erstens: Das „Pfefferminzje". Die Figur steht an der Ecke Mehlgasse und Etzegäßchen (siehe Geheimnis Nummer 28). Der richtige Name dieser Frau war Annemarie Stein und sie soll zwischen dem Ersten und Zweiten Weltkrieg nach Koblenz gezogen sein. Ihre Skulptur ist ausgestattet mit einer kleinen Handtasche und einem Körbchen, in dem sie wohl ihr Strickzeug mit sich trug. Außerdem hält sie eine Pfefferminzrolle in der Hand. Mit dem Verkauf dieser Rollen soll sie ihren Lebensunterhalt bestritten haben. Viel habe sie nicht besessen, aber für die an der Figur dargestellten Hunde und Katzen zu ihren Füßen, als Vertreter aller herrenlosen Tiere in der Altstadt, habe sie dennoch immer Futter gehabt. „Das hat sie bei den Metzgern und Bäckern der Stadt gesammelt", erzählt Gästeführerin Marlis Weiß.

Neben dem „Pfefferminzje" ist da zweitens „Dä Gummi". Die Steinfigur befindet sich im Brunnenhof der Mehlgasse in der Altstadt. Sie zeigt den Hausierer Peter Schneider, der sich durch eine Nervenkrankheit nicht richtig bewegen konnte – was ihm den Spitznamen „Gummi" einbrachte. „Seinen Lebensunterhalt verdiente er bis zu seinem Tod mit dem Verkauf von Kurzwaren, Hosenträgern, Schnürsenkeln, Seifen und Zeitungen." Deshalb trägt die Skulptur auch einen kleinen Bauchladen vor sich. „Er war so beliebt, dass ihm die Altstädter Folgendes auf seinen Grabstein schreiben ließen: ‚Im Leben hieß ich Peter Schneider. Im Laufen war ich lustig, heiter! Der Volksmund nannte mich Gummi und der Herrgott warf mich ummi!'", berichtet Marlis Weiß.

Und dann gibt es drittens den „Spitals Andun". Die Gästeführerin kennt freilich auch seine Geschichte. „Anthon Barthel hieß er eigentlich. Er wohnte in den 1940er-Jahren im Altenheim des Bürgerhospitals (siehe Geheimnis Nummer 35) und war wegen seiner besonderen Herzlichkeit sehr beliebt. Er gratuliere allen Bewohnern der Altstadt zu ihrem Namenstag mit

„Anthon Barthel hieß er eigentlich. Er wohnte in den 1940er-Jahren im Altenheim des Bürgerspitals."

einem Blumenstrauß." Dass es oftmals derselbe Blumenstrauß war, weil er ihn wieder mitgenommen hatte, tat dabei überhaupt nichts zur Sache. Ist doch klar, dass auch die Skulptur in der Gemüsegasse einen Blumenstrauß in der Hand hält. „Das Kind, das neben ‚Spitals Andun' steht, symbolisiert seine Beliebtheit, denn auch die Kinder in der Altstadt mochten ihn und begleiteten ihn oft auf seinen Gängen durch die Gassen."

Viertes und fünftes Original sind die Marktfrau Ringelstein und der Schutzmann Otto, die gemeinsam am Rande des Münzplatzes stehen. Sie repräsentieren alle Marktfrauen, die so wie bei Familie Ringelstein oft in mehreren Generationen als solche tätig waren, und die Polizisten, die in der Altstadt für Ruhe und Ordnung sorgten.

„Der ‚Resche Hennerich' war in Koblenz für seinen Schabernack bekannt. Er war Schuster von Beruf und als solcher sollte er, als er einmal im Gefängnis einsaß, der Tochter des Gefängnisdirektors die Schuhe neu besohlen."

„Resche Hennerich" ist der Sechste im Bunde. Ihn hat es auch wirklich gegeben, den Heinrich Resch. Er, das heißt seine Figur, die eine Trommel um den Hals hängen hat, steht in der Marktstraße. Resch ist wohl das bekannteste Koblenzer Original, er lebte Ende des 19. Jahrhunderts in der Stadt und um ihn ranken sich zahlreiche Anekdoten, die bis heute überliefert sind. Marlies Weiß erzählt: „Der ‚Resche Hennerich' war in Koblenz für seinen Schabernack bekannt. Er war Schuster von Beruf und als solcher sollte er, als er einmal im Gefängnis einsaß, der Tochter des Gefängnisdirektors die Schuhe neu besohlen." Doch anstatt die Absätze, so wie es sich gehörte, nach hinten zu machen, habe er sie vorne angebracht. Es werde auch erzählt, dass er, wenn er durch die Stadt lief, immer einen Zigarrenstummel im Mund hatte, auf dem er herum kaute. Begegnete er einem feinen Herren auf der Straße, der sich gerade eine Zigarre anstecken wollte, dann habe es passieren können, dass er den feinen Herren um Feuer gebeten und dann so ins Gespräch verwickelt habe, dass nachher der „Resche Hennerich" mit der neuen Zigarre und der feine Herr mit dem Stummel weitergelaufen sei. Er kam immer wieder für seinen Unfug ins Gefängnis. Sein

Hauptstreich aber sei folgender gewesen: Als ehemaliger Trommler habe er sich den Spaß erlaubt, durch die Gassen zu marschieren und den Generalmarsch zu spielen. Daraufhin hätten sich die Soldaten auf dem Appellplatz eingefunden. „Das kostete ihn mehrere Wochen Arrest", so die Gästeführerin.

Und wer ist nun das siebte Original? Auf den belebten Plätzen und in den vielen Gassen der Altstadt kann man keine siebte Figur sehen. „Doch, da gibt es noch jemanden", betont Marlis Weiß, „Blemersch Klär! Dat ‚Blemersch Klär' war nämlich die Oma vom ‚Resche Hennerich', das weiß aber heute kaum noch einer. Deshalb wird immer nur von sechs Originalen und nicht von sieben gesprochen."

Die Figur von „Blemersch Klär" steht hinter dem Eltzerhof in der Altstadt. Sie wurde 1983 aufgestellt und zeigt die alte Frau mit einer Kaffeekanne in der Hand und einem Schirm über der Schulter. Außerdem hat sie eine Tasche bei sich, in der sie ihr Bettelgut sammelte. „Sie hat immer versucht, den Leuten etwas von ihrem abgestandenen Kaffee zu verkaufen, um ein paar Groschen zu bekommen. So hat es mir meine Oma Lisbeth, die in der Kornpfortstraße in der Altstadt lebte, erzählt. Eigentlich ist ‚Klärchen' schon ein bisschen eine tragische Figur", meint Marlis Weiß. „Aber sie ist das siebte Koblenzer Original!"

Christl Eberlein

So geht's zur Skulptur:

Die Blemersch Klär ist in der Kastorstraße, hinter dem Altenheim Eltzerhof (Kornpfortstraße 14) zu finden.

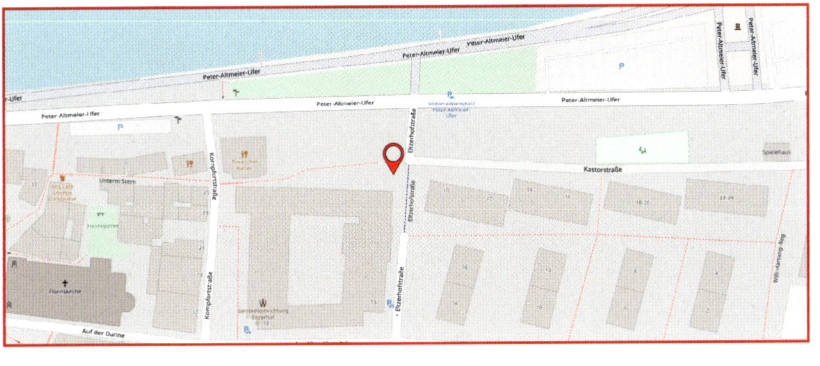

15

Trasse

Die Bergbahn zum Rittersturz

In Koblenz gibt es diverse öffentliche Verkehrsmittel, vor allem die Buslinien, die Seilbahn über den Rhein, den Festungsaufzug hoch auf den Ehrenbreitstein. Nein, keine U-Bahn, und eine Straßenbahn auch nur bis 1967. Aber da war doch noch etwas, auch wenn sich immer weniger Menschen daran erinnern und so gut wie keine Spuren mehr darauf hinweisen. Genau: die Rittersturz-Bergbahn.

Von 1928 bis 1959 führte diese von der Laubach an der B9 hinauf zum Hotel Rittersturz. Einige Jahre nach ihrer Stilllegung wurden alle Anlagen komplett entfernt – Bernd Reeb hat aber noch letzte Relikte gefunden, die auf die Bahn hinweisen. „Hier kann man die Trasse erkennen, auf der früher die Schienen lagen", sagt Reeb und weist auf eine breite, flache Schneise, die sich bergan durch den Wald zieht. Er selbst ist Betriebsleiter der Koblenzer Verkehrsbetriebe (koveb) und hat sich intensiv mit der Geschichte des ÖPNV in der Stadt beschäftigt.

„Hier kann man die Trasse erkennen, auf der früher die Schienen lagen."

Eine kleine Wanderung ist nötig, um die Fahrspur zu entdecken. Diese zeigt noch heute, wo früher einmal die Bahn zum ebenfalls längst abgerissenen Hotel Rittersturz hinauffuhr. Die Gleise und der Schotter, die sich hier befanden, wurden längst entfernt, den Verlauf der Trasse an sich kann man aber weiterhin gut erkennen.

Zwei sogenannte Standseilbahnen fuhren vom 2. Juni 1928 bis zum 25. Oktober 1959 in leichten Kurven zwischen der damaligen Haltestelle Laubach, an der die Straßenbahn auf dem Weg nach Kapellen-Stolzenfels hielt, und dem Hotel Rittersturz hin und her, erzählt Reeb. Dieses kennt man vor allem als Schauplatz der Rittersturz-Konferenz 1948, bei der die neue Bundesrepublik Deutschland quasi aus der Taufe gehoben wurde. Aber: „Das Hotel war auch ein beliebtes Ausflugsziel", sagt er. Und

Bernd Reeb weist auf eine breite, flache Schneise, die sich bergan durch den Wald zieht. Hier fuhr einst die Rittersturz-Bergbahn.

dazu trug auch die Bergbahn bei. In der Saison fuhr diese bis zu 40 Mal am Tag bergauf und bergab und brachte Menschen von der B9 kurz hinter dem heutigen Überflieger vor der Südbrücke hoch zum Rittersturz und wieder zurück.

Koblenzer Familien machten hierhin gern ihren Sonntagsausflug, gingen im Hotel essen oder blickten auf den Rhein herunter. „Wer es sich dann leisten konnte, ist mit der Bergbahn gefahren", so Reeb, die anderen liefen auf der Straße, die in Teilen neben der Bahn verlief. Und auch die Hotelgäste nutzen die Bahn, vermutet er – schließlich hatten in dieser Zeit längst nicht alle ein eigenes Auto, mit dem sie anreisten.

Die Strecke war 408 Meter lang und überwand einen Höhenunterschied von 93,3 Metern, was einer Steigung von durchschnittlich 27,6 Prozent entsprach. Zwei Bahnen fuhren mit einer Geschwindigkeit von 7,2 Kilometer pro Stunde den Berg hinauf und hinab, es gab 30 Sitzplätze und 20 Stehplätze. Immer waren beide Wagen unterwegs, sie begegneten sich an einer Ausweichstelle in der Streckenmitte. Sie hingen an einem Seil, das in der oberen Station über eine Rolle lief und mit einem Seilwindenmotor angetrieben wurde.

Mit Kriegsbeginn 1939 wurde der Betrieb der Bergbahn eingestellt und 1949 wieder aufgenommen. Doch in den 50er-Jahren sank die Zahl der Nutzer immer mehr, „die Nachfrage war nicht mehr hoch, und hohe Investitionen wären auch nötig gewesen", sagt Reeb. Der Betrieb der nicht subventionierten Bahn wurde immer unwirtschaftlicher – und wurde 1959 schließlich eingestellt.

„Ab 1960 fuhr stattdessen der ‚Bergbus' auf einer 1,8 Kilometer langen Strecke hinauf zum Rittersturz, er verkehrte aber nur mittwochs sowie an Wochenenden und Feiertagen ein paarmal am Tag – und wurde kaum genutzt, 1971 gestrichen."

Ab 1960 fuhr stattdessen der „Bergbus" auf einer 1,8 Kilometer langen Strecke hinauf zum Rittersturz, er verkehrte aber nur mittwochs sowie an Wochenenden und Feiertagen ein paarmal am Tag – und wurde, kaum genutzt, 1971 gestrichen. 1973 wurde dann auch das Hotel Rittersturz abgerissen.

Nachdem die Bergbahn und ein paar Jahre später auch die Straßenbahn stillgelegt wurden, konnte man lange nur noch mit dem Bus öffentlich durch Koblenz fahren. Aber die Dinge bleiben nicht stehen: Seit einigen Jahren gondelt die Seilbahn über den Rhein, und der Festungsaufzug führt in Ehrenbreitstein hoch auf die Festung. Seit 2021 wird dieser auch von der Koveb betrieben, berichtet Reeb – und er fühlt sich in vielem an die alte Rittersturz-Bergbahn erinnert. Beide sind beziehungsweise waren Seilbahnen auf Schienen, beide überwinden beziehungsweise überwanden um die 100 Höhenmeter.

Von der Rittersturz-Bergbahn sind heute jedenfalls nur noch eine alte Stützmauer zu sehen, die die Bahntrasse trug, die großen Stufen am Rande der B 9, die man früher zur Tatstation hochging, und eben die alte Trasse. Und diese wird jetzt nach und nach wieder Teil des Waldes.

Stephanie Mersmann

So geht's zur Trasse:

Von der B9 (Fahrtrichtung Boppard) geht direkt hinter dem Überflieger vor der Südbrücke ein Wanderparkplatz in Richtung Rittersturz ab. Hier kann man sein Auto stehen lassen. Es folgt ein kurzer Spaziergang: Der Straße nach oben in Richtung Rittersturz folgt man, vorbei an der alten Tragemauer, und biegt dann links auf den ersten Wanderweg ab. Direkt von der zweiten Kehre des Weges aus sieht man linkerhand etwas versteckt die alte Bahntrasse.

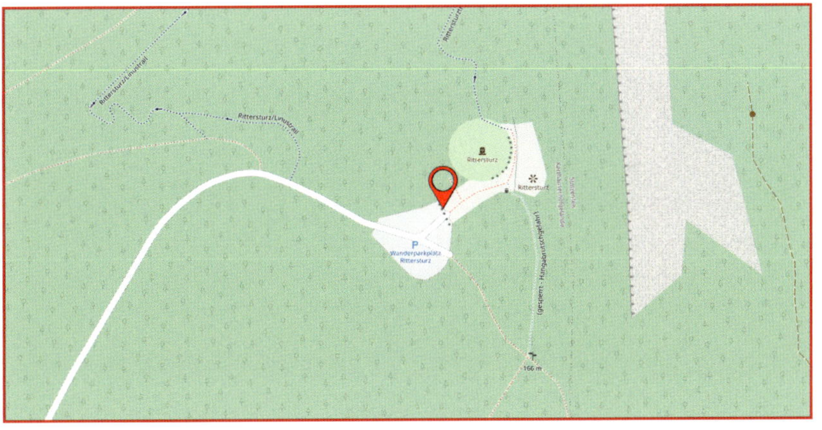

16

Brezel

Die leckersten Knöchelchen

An der Liebfrauenkirche in der Koblenzer Altstadt gibt es ein kleines, eigentlich schlichtes eisernes Tor. Aber in der Mitte des Tores erkennt man deutlich eine Brezel. Was es mit dieser Brezel auf sich hat und was Marlis Weiß bis heute mit dem verbindet, was sich hinter dem Tor mit der Brezel befand, berichtet die Koblenzer Gästeführerin aus ihrer Erinnerung: „Hier habe ich zum ersten Mal ‚Kowelenzer Dudebaincher' gegessen." ‚Dudebaincher' haben die Koblenzer Hausfrauen gebacken, um der toten Familienmitglieder zu gedenken. Dieses Gebäck soll es schon im 18. Jahrhundert in der Zeit um Allerheiligen oder Allerseelen gegeben haben, sagt Marlis Weiß. „Es ist ein Gebildegebäck, das schon im ‚Wörterbuch der Coblenzer Mundart' von Julius Wegeler aufgeführt ist. In der Einzahl sagt man ‚Dudebainche', die Mehrzahl heißt laut Koblenzer Mundart ‚Dudebaincher'." Sie kommen sogar in dem Märchen ‚Gockel, Hinkel und Gackleia' von Clemens Brentano vor.

„Ach", rief der alte König aus, „meine liebe Gemahlin sagt mir soeben, daß sie […] Koblenzer Totenbeinchen […] essen möge."

Der schöne Brauch ist leider verschwunden, „engeschloof", wie der Koblenzer sagt. „Dudebaincher" werden heute in Koblenz nicht mehr gebacken. Gar nicht mehr? Doch, von Marlis Weiß. Das Rezept hat sie nämlich von dem Mann bekommen, dessen Backstube sich einst hinter der eisernen Brezel befand. „Der Bäcker Werner Klein war Ur-Koblenzer und vertrat noch die alten Traditionen. Alles wurde bei ihm von Hand und mit guten Zutaten gebacken." Er sei sofort begeistert gewesen, als Marlis Weiß ihm erzählte, dass in ihrer historischen Führung „Heilije, Hexe, Huckeweiwer… met Lisbeth durch die Altstadt" ein historisches Gebäck angeboten werden sollte. „Er war so Feuer und Flamme von der Idee, während der Führung ‚Dudebaincher' auszugeben, dass er mir das Backrezept hierfür geschenkt hat", berichtet die Gästeführerin.

Die „Kowelenzer Dudebaincher" gibt es also doch noch. Es ist ein Hefegebäck, das in der Form eines Oberschenkelknochens gebacken wird. Marlis Weiß backt sie zu Hause für jede ihrer „Heilije-Hexe-Huckeweiwer-Führungen". Keines sieht so aus wie das

Wenn Marlis Weiß am Tor mit der Brezel vorbeigeht, dann fällt ihr die köstliche Leckerei ein, die sie dort zum erstem Mal gegessen hat.

andere, denn sie sind ja alle von Hand gemacht – heute wie früher. „Dabei denke ich oft wehmütig an die alten Zeiten und ‚Kleins Backstüffje'. An der Liebfrauenkirche 9 waren seit 1986 die Bäckerei und das Café von Werner Klein, seiner Ehefrau Elke und Sohn Frank. Hier trafen sich nicht nur die Altstädter zum Frühstückskaffee. Seine ganz besonderen Brot- und Backwaren wurden von den Kunden geliebt und bei den hauseigenen Kuchen kamen die Leute wirklich ins Schwärmen", erinnert sich Marlis Weiß. Werner Klein verstarb im Juni 2018 und der Sohn Frank führte den Familienbetrieb mit seiner Ehefrau zunächst weiter. „Mit der gleichen Leidenschaft, wie sein Vater", erinnert sich Marlis Weiß, habe der Sohn die Zutaten verarbeitet, die er für seine Brote, Brötchen und Kuchen aus Großmutters Zeiten angeboten hat. „Leider musste Frank Klein die Bäckerei in der Altstadt 2020 gesundheitsbedingt schließen. ‚Kleins Backstüffje' gibt es seitdem nicht mehr. Ein sehr großer Verlust, nicht nur für die Altstadt", findet Marlis Weiß. Geblieben ist die Brezel im Tor.

Christl Eberlein

So geht's zur Brezel:

Das Tor mit der Brezel befindet sich am Haus Nummer 9 An der Liebfrauenkirche in der Koblenzer Altstadt.

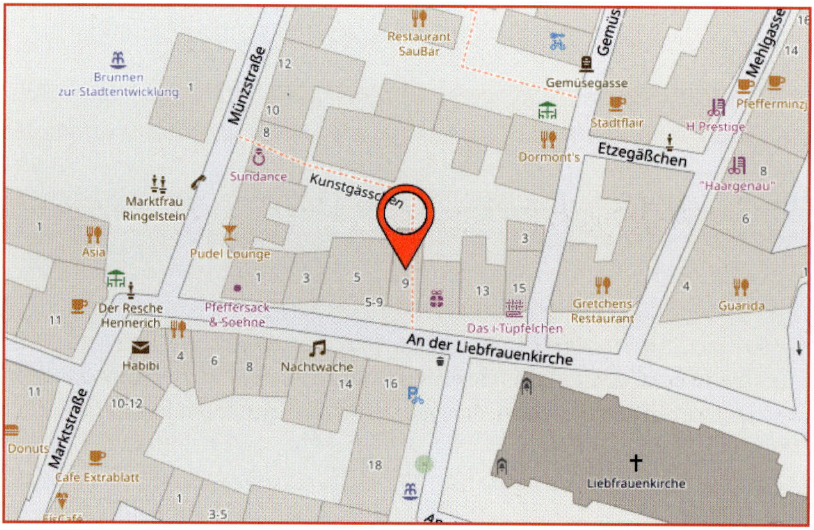

Als Florian Teschke auf das einst verloren geglaubte Werk Pleitenberg stieß, war das Areal noch voller Bäume.

17

Festungswerk

Spielplatz statt Pulvermagazin

Nur wenige hundert Meter vor den Toren der Festung Ehrenbreitstein ist von der ehemaligen militärischen Präsenz hoch über Koblenz nichts zu sehen. Stattdessen lädt der weitläufige Kletterspielplatz Werk Bleidenberg, der für die Bundesgartenschau 2011 errichtet wurde, zum Verweilen ein. Eine bunte Mischung aus Rampen, Wegen und Rutschen ist für die Kinder ein Paradies zum Tollen und Toben. Doch ein leicht bogenförmiges Gebäude am östlichen

Rand des Geländes hat eine deutlich ältere Geschichte. Und einen etwas anderen Namen.

„Als die Preußen durch den Wiener Kongress von 1814/1815 die Kontrolle über Koblenz übernahmen, begannen sie zuerst einmal mit dem Wiederaufbau des Ehrenbreitsteins“, erklärt Florian Teschke, der sich intensiv mit den gigantischen Festungsanlagen im Stadtgebiet beschäftigt hat. „Die Franzosen hatten diese ja bei ihrem Abzug im Jahr 1801 gesprengt, weil von hier aus sowohl Rhein als auch Mosel kontrolliert werden konnten, und die neuen Machthaber stellten nicht nur die ursprünglichen Befestigungen wieder her, sondern erweiterten sie auch zu einer der größten Wehranlagen Europas. 1828 war man mit der Feste Ehrenbreitstein fertig und begann, strategische Lücken zu schließen. So entstanden unter anderem am Ende des nördlichen Plateaus das Fort Rheineck und das Pulvermagazin Werk Pleitenberg.“ Damit sollte das angrenzende Plateau verteidigt werden, von dem aus feindliche Kräfte die Festung hätten angreifen können. Doch sonderlich wehrhaft sieht das Gebäude auf dem Spielplatz nicht aus. „Einem massiven Beschuss hätte das Werk Pleitenberg auch nicht lange standhalten können“, räumt Teschke ein. „Allerdings hatte man das Areal damals großflächig gerodet, um möglichen Angreifern keine Deckung zu bieten, sowie zusätzlich Gräben ausgehoben und Wälle errichtet. Die Preußen hätten nur noch Kanonen und Mörser auf das Dach des Militärdepots schaffen müssen und von dort aus anrückende Soldaten beschießen können, bis Verstärkung von Ehrenbreitstein eingetroffen wäre.“

Zu einem Ernstfall ist es jedoch nicht gekommen, da sich die geopolitische Lage sowie die Militärtechnik rasant änderten. „Ursprünglich war Koblenz ein wichtiger Schutzschild gegen die Franzosen“, so Teschke, „aber nach dem Deutsch-Französischen Krieg von 1870/1871 annektierte Preußen beziehungsweise das neu gegründete Deutsche Reich Elsass-Lothringen. Damit war auf einmal die Festung Metz das westlichste Bollwerk und bildete zusammen mit anderen Anlagen – etwa in Thionville – die unter allen Umständen zu haltende erste Verteidigungslinie.“ Koblenz spielte in dieser neuen Situation nur noch eine unterge-

„Allerdings hatte man das Areal damals großflächig gerodet, um möglichen Angreifern keine Deckung zu bieten, sowie zusätzlich Gräben ausgehoben und Wälle errichtet.“

ordnete Rolle, so dass ab 1890 die Artillerie zunehmend durch Infanterie ersetzt wurde und die militärischen Anlagen erodierten. Nach dem Ersten Weltkrieg (1914-1918) mussten diese in Folge des Versailler Vertrags dann ohnehin entfestigt werden. „Als ich mir 2005 vornahm, alle Überreste der Festung Koblenz zu besuchen, gab es Quellen die behaupteten, dass es das Werk Pleitenberg gar nicht mehr gäbe. Damals war hier oben alles überwuchert und umzäunt. Ich habe mich also durchs Unterholz geschlagen – und auf einmal stand vor diesem Gebäude, an dem Pferde grasten und Hühner umherliefen." Der Rest ist Geschichte. „Die Stadt hat aus unerfindlichen Gründen den Namen von Pleitenberg zu Bleidenberg geändert, den weißen Putz entfernt und in dem alten Pulvermagazin Schulräume eingerichtet, die von Kitas oder Schulen angemietet werden können", sagt Teschke. Aber auch für Familienfeiern können sie laut Stadt genutzt werden. Und so spielen jetzt dort, wo einst Soldaten wachten, Kinder und Jugendliche mit glänzenden Augen.

Thomas Kölsch

So geht's zum Festungswerk:

Auf dem Weg Richtung Festung Ehrenbreitstein unmittelbar vor einer Tordurchfahrt auf der linken Seite.

Schürger Madonna

Madonna

Wie Maria in die Altstadt kam

Gästeführerin Marlis Weiß kennt eine Marienfigur in der Altstadt, die eine besondere Geschichte hat. „Die ‚Schärjer', so sagt der Koblenzer in seiner Mundart, sind die einfachen Hafenarbeiter. Auf Hochdeutsch sagt man ‚Schürger'", beginnt sie ihre Erzählung. „ Also die ‚Schärjer' haben unten in der Altstadt gewohnt, in einem Gebiet, wo es oft Hochwasser gab." Die Wohnungen seien dort billig gewesen, denn dort habe es durch die viele Feuchtigkeit immer nach Moder gerochen. „Und eines Tages hat einer der ‚Schärjer' in der Mitte des 16. Jahrhunderts in der Mosel eine Mutter Gottes gefunden", berichtet Marlis Weiß. Die ehemalige Assistentin des Oberbürgermeisters der Stadt kommt während ihrer Altstadtrundgänge mit ihren Gästegruppen regelmäßig an dem Haus in der Kornpfortstraße vorbei, an dem die Madonna zu sehen ist.

„Ich sage dann in meiner Führung immer auf Mundart: ‚Dann han se se geländ, gedrockent on wie se drocken wor, han se se ahngemolt on hei an dem Haus an der Kornpfortstroß ahngebracht. Und von da an hatte die Altstadt eine eigene Madonna." Die Figur war für die Bewohner der Altstadt sehr wichtig. Jede Prozession und auch jeder Kirmesumzug ist an der ‚Schärjer Madonna' vorbei gegangen. „Das war eine Institution in der Altstadt", sagt Marlis Weiß.

Das *Koblenzer Heimatblatt Nummer 4* aus dem Jahr 1927 macht den Versuch einer Erklärung, wie die Madonna zu ihrem Fundort kam. In den Anmerkungen unter einem Gedicht über das „Marienbild in der Kornpfortstraße zu Koblenz" aus dem Jahr 1840 steht geschrieben: „Der Sage nach soll das Bildchen im Jahre 1579 in der Nähe seines jetz'gen Standortes aus der Mosel gezogen worden sein, die es herabgeschwommen kam. Nach einer anderen Angabe kam es jedoch den Rhein heruntergetrieben, um am Deutschen Eck sich wider den Strom die Mosel hinauf zu wenden, wo es an der Kornpforte von den Schürgern gelandet wurde."

So oder so, die Koblenzer waren stolz auf ihre Marienfigur. Sie war ihnen ans Herz gewachsen. Doch dann war die „Schürger Madonna" eines

Marlis Weiß macht mit ihren Gästegruppen regelmäßig Halt an der „Schürger Madonna".

Tages einfach wieder weg! Wieso denn weg? Sie steht doch in der Nische am Haus Nummer 25 in der Kornpfortstraße. Sie ist für jeden, durch Glas und ein schön verziertes Eisentörchen geschützt, deutlich zu sehen. Ein Schriftzug über ihrem Standort weißt sie eindeutig als „Schürger Madonna“ aus. Wie kann das sein?

Um das Jahr 2000 wurde das Haus in der Kornpfortstraße verkauft. Der alte Besitzer ist verzogen und hat die „Schürger Madonna“ einfach mitgenommen. „Das Recht war auf seiner Seite. Die Altstadt war um ein Kleinod beraubt! Das war ein Aufstand“, berichtet Marlis Weiß. Der damalige Oberbürgermeister sei dann mit dem halben Stadtrat zusammen zu dem ehemaligen Hausbesitzer gefahren. „Und da haben sie gebeten und verhandelt und haben ihm Geld geboten und alles versucht. Nein, die ‚Schürger Madonna‘ hat er behalten“, erinnert sich die Gästeführerin. „Die ganze Geschichte blieb ja nicht verborgen und hat in der Stadt für Aufsehen gesorgt. Ein Mann, ich weiß nicht mehr genau woher er kam, hat das Drama mitbekommen und hat dann ganz einfach gesagt: ‚Ich lasse machen.‘ Das hat er dann wirklich getan.“ Dank dieses Mannes und eines Bildes der echten „Schürger Madonna“ wurde die sitzende Marienfigur mit dem Jesuskind auf dem Arm nachgemacht und die neue Figur kam zurück nach Koblenz. „Da hatte die Altstadt wieder ihre ‚Schürger Madonna‘“, schließt Marlis Weiß die Erzählung. Eine alte Koblenzerin aus der Kornpfortstraße habe ihr noch gesagt, das sei für sie wie das zweite Wunder von Lourdes gewesen, denn die neue Figur sähe dem Original wirklich täuschend ähnlich. Ende gut, alles gut.

Christl Eberlein

So geht's zur Madonna:

Die Nische, in der die Marienfigur aufbewahrt wird, ist am Haus Nummer 25 in der Kornpfortstraße.

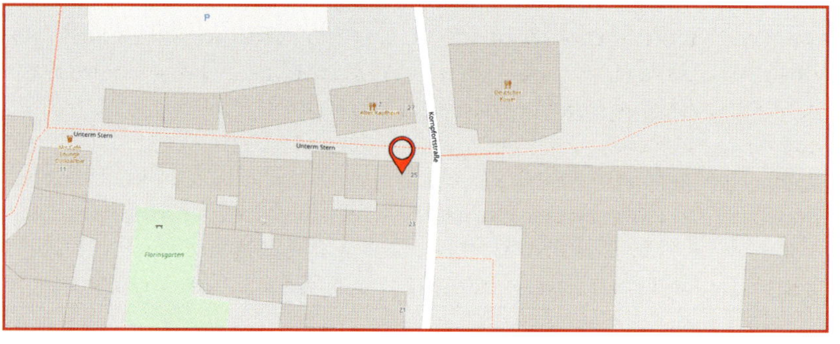

Hiltrud Rotthoff steht vor dem modernen Gebäude, an dessen Stelle einst das Geburtshaus der weltberühmten Sängerin stand.

Schild 19

Von Koblenz nach Mexiko

Der Plan ist einer der Plätze in der Koblenzer Altstadt, der eine bewegte Geschichte hat. Hier pulsiert seit Jahrhunderten das Leben. Und dort wurden Menschen geboren, die ihre Spuren sowohl in der Stadt, als auch zum Teil in der ganzen Welt hinterlassen haben. Derer gibt es einige, weiß Hiltrud Rotthoff. Die Koblenzerin ist fasziniert von den Geschichten bedeutender Frauen, die aus Koblenz kommen und hier gewirkt haben.

Dazu gehört auch die am 3. Januar 1806 im Haus am Plan Nummer 1 geborene Henriette Sontag. Ihr Geburtshaus steht heute nicht mehr, aber ein Schild eben der Eingangstür des mittlerweile modernen Gebäudes soll den Betrachter an die „Europäische Nachtigall“, wie Henriette Sontag auch genannt wurde, erinnern. Was hinter diesem Begriff steckt, hat Hiltrud Rotthoff in Erfahrung gebracht: „Diese Frau war ein echter Weltstar. Ihre Eltern waren beide Schauspieler und gastierten nur kurz in Koblenz. Aber in dieser Zeit ist Gertrude Walpurgis, wie Henriette Sontag eigentlich hieß, geboren worden. Als klar wurde, dass sie eine große Karriere als darstellende Künstlerin machen würde, wählte sie den Künstlernamen Henriette.“

„Sie wird die ‚europäische Nachtigall‘ genannt. Sie muss so beliebt gewesen sein, dass die Leute wohl teilweise schon Tage zuvor an der Kasse anstehen mussten, um eine Karte für ihr Konzert oder die Oper, in der sie auftrat, zu bekommen.“

Diese Karriere lässt nicht lange auf sich warten. Bereits im frühen Kindesalter steht Henriette Sontag das erste Mal gemeinsam mit ihrer Mutter auf der Bühne. Mit 13 Jahren beginnt sie ihre Ausbildung zur Sängerin am Konservatorium in Prag. Drei Jahre lang ist sie in Wien engagiert. Unter anderem singt sie die Sopran-Partie in der Uraufführung von Ludwig van Beethovens 9. Symphonie im Kärntnertortheater, das vom Komponisten selbst dirigiert wird. Danach folgen Auftritte in fast allen europäischen Hauptstädten. Auch in Nordamerika feiert die Sopranistin große Erfolge. „Sie wurde die ‚europäische Nachtigall‘ genannt. Sie muss so beliebt gewesen sein, dass die Leute wohl teilweise schon Tage zuvor an der Kasse anstehen mussten, um eine Karte für ihr Konzert oder die Oper, in der sie auftrat, zu bekommen. Und neben ihrem wunderbaren Gesang, war sie auch noch eine sehr schöne Frau“, findet Hiltrud Rotthoff. „Meine Schwester hat vor vielen Jahren ein Bild von ihr in einem Antiquariat hier in Koblenz entdeckt, das auch mir sehr gut gefallen hat. Leider konnten wir es nicht erwerben. Heute hängt es im Mutter-Beethoven-Haus in Ehrenbreitstein“, erzählt sie.

Die Erfolge von Henriette Sontag müssen wirklich großartig gewesen sein. Man preist zeitlebens ihre Stimme als „Silbertöne“ und sie wird mit Lob überhäuft. Mit 19 Jahren geht sie nach Berlin. Sie wird zur königlichen Hof- und Kammersängerin ernannt. Auch die Herzen des Pariser Publikums soll sie spielend leicht erobert haben. Ein Herz jedoch hat sie gänzlich in ihren Bann gezogen. Heimlich vermählt sie sich in Paris mit dem sardinischen Gesandschaftsattaché Carlo Graf Rossi (1797-1864). Doch sie ist eine Bürgerliche und die Hochzeit wird zu-nächst geheim gehalten. Im Frühjahr 1830 wird sie allerdings von König Friedrich Wilhelm III. von Preußen (1770-1840) in den Adelsstand erhoben und heißt fortan „Sontag von Lauenstein“. Nach ihrer Erhebung in den Adelsstand kann ihre Heirat mit dem Grafen dann offiziell bekanntgegeben werden. Im gleichen Jahr noch reist sie von Paris aus zu Gastspielen nach London und nimmt schließlich ihren Abschied von der Oper. Sie feiert jedoch weiterhin mit Konzerten Erfolge, unter anderem in Hamburg, Moskau, Petersburg, London, Brüssel, Den Haag und selbstverständlich auch in ihrer Geburtsstadt Koblenz, wo sie im Dezember 1851 auftrat. Unter den Koblenzer Besuchern des Konzertes sind auch Prinz Wilhelm von Preußen, Prinzessin Augusta und deren Tochter Prinzessin Luise. Henriette Sontag wird als „Königin des Gesangs“ gefeiert. Ihre letzte Konzertreise in den 1850er-Jahren führt sie nach Nordamerika, wo sie sowohl in New York als auch in Boston große Begeisterung auslöst. Den Abschluss dieser Tournee hatte sie in Mexiko ge-plant. Doch Henriette Sontag stirbt am 17. Juni 1854 in Mexiko-Stadt. Sie ist an der Cholera erkrankt, von der sie sich nicht erholt.

Christl Eberlein

So geht's zum Schild:

Das Schild befindet sich am Gebäude Am Plan 1.

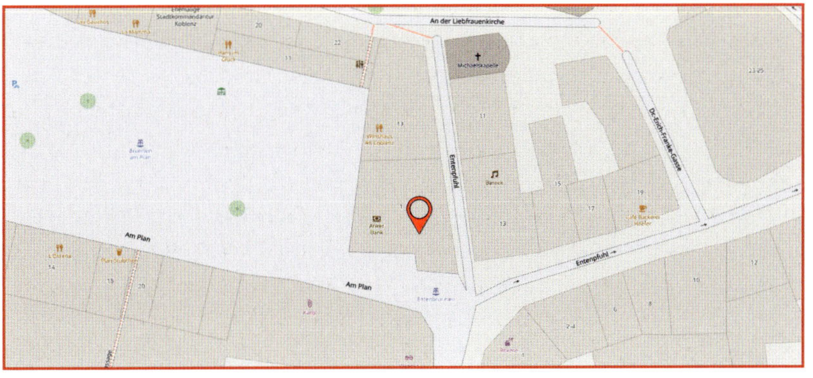

20

Gässchen

Hinterhof mit Geschichte

So schön die Fassaden der Altstadt auch sein mögen: Manchmal lohnt sich doch eher der Blick hinter die Kulissen. Zumindest beim Statz'schen Gässchen. Der kleine Hinterhof zwischen Altengraben und Altenhof ist sowohl alt als auch neu, historisch und doch erst seit wenigen Jahren wieder zugänglich. Seine Mauern hätten auf jeden Fall viel zu erzählen, unter anderem über eine altehrwürdige Gaststätte – und über die bekannteste Prostituierte der Stadt.

Aber der Reihe nach. Die Geschichte des Gässchens reicht mindestens bis in die Mitte des 18. Jahrhunderts zurück; damals gelangten die Anwohner auf diesem Wege zu ihren Hausgärten. Der ursprüngliche Torbogen von 1749 bildet noch heute den Eingang zu dem Gässchen; ein Großteil der umliegenden Häuser ist dagegen bei der Bombardierung von Koblenz am 6. November 1944 großräumig zerstört worden. Im Rahmen des Wiederaufbaus hatte die Stadt das Gelände zugebaut und als schlecht belichteten, billigen Wohnraum zur Verfügung gestellt. Erst im Rahmen der sich über 50 Jahre erstreckenden Altstadtsanierung wurden die nicht mehr genutzten Häuser abgerissen und der Hof als letzter Baustein der Maßnahmen 2021 für die Öffentlichkeit zugänglich gemacht. Jetzt laden dort Bänke entlang von drei Hochbeeten zum Verweilen ein.

Kristina Venus nutzt dieses Angebot gerne. Die Marketing-Expertin und Stadtführerin ist in Koblenz aufgewachsen und kennt die Straßen dieser Stadt; das neu gestaltete Statz'sche Gässchen war allerdings auch für sie ein Geheimtipp. „Der Inhaber eines türkischen Restaurants hat mir davon erzählt", sagt sie, „und ich habe mich sofort in diesen Ort verliebt. Vor allem im Sommer kann man hier wunderbar sitzen und sich entspannen, während ein paar Meter weiter das Leben pulsiert. Ist das nicht wunderbar?" Dabei

> „Der Inhaber eines türkischen Restaurants hat mir davon erzählt und ich habe mich sofort in diesen Ort verliebt."

Kristina Venus genießt den teilweise noch etwas rohen Charme des Hinterhofs.

sieht zumindest eine Ecke noch unfertig aus, mit provisorischen Regenrinnen und rohen Wänden, geschützt durch einen Bauzaun. „Ich hoffe, die Stadt lässt das so", betont Venus, „in meinen Augen macht das den Charme des Hofes aus. An einer Wand kleben ja sogar noch die blauen Fliesen eines Badezimmers, das finde ich großartig."

Doch auch die Geschichte des Hinterhofs fasziniert die Koblenzerin. „In einem der Häuser, einem der ältesten der ganzen Stadt übrigens, befand sich vor etwa 30 Jahren der ‚Arme Josef', eine Kultgaststätte, die es seit den 1920er-Jahren gab und in der sich vom Straßenkehrer bis zum Staatsanwalt sämtliche Bevölkerungsschichten trafen – heutzutage zeugt von dem Lokal nur noch der Schriftzug auf der Frontseite. Außerdem stand im Zugang des Gässchens das Brigittche, die dienstälteste Prostituierte der Stadt und ein echtes Koblenzer Urgestein." Venus lacht bei den Erinnerungen, die diese Geschichte wach ruft. „Ich erinnere mich noch, wie ich früher immer durch den Altengraben gelaufen bin und es faszinierend fand, wie Brigittche unverhohlen die Männer ansprach. Dabei war sie stets freundlich und vor allem früher eine echte Schönheit." Zu ihren besten Zeiten sei sie mit einem schicken Mercedes Cabriolet durch die Straßen gefahren. „Das Kennzeichen KO-DM 500 soll übrigens ihren Marktwert dargestellt haben", erzählt Venus grinsend.

„Die Anwohner und die Bürgerinitiative ‚Unsere Altstadt', die sich für die Herrichtung dieses Hinterhofes stark gemacht haben, wollten ihn ehren und haben daher seinen Namen aufgegriffen."

In späteren Jahren war von dem einstigen Reichtum Brigittchens offenbar nicht mehr viel übrig; angeblich soll sie von einigen Männern betrogen und ausgenommen worden sein. Auf jeden Fall ging sie bis zu ihrem Tod 2008 am heutigen Statz'schen Gässchen ihrer Arbeit nach, insgesamt fast 50 Jahre. Eigenen Aussagen zufolge hatte sie täglich um die 15 Freier zwischen 21 und 90; einen Ehemann will sie dagegen nicht gehabt haben. „Ich habe lieber alle zehn Minuten einen Neuen als wenn ich selber einen hätte", sagte sie in einem Interview zwei Jahre vor ihrem Tod. Sie wurde 66 Jahre alt.

Trotz der Verbindung zu Brigittche ist nicht diese die Patronin für besagtes Gässchen. „Der ehemalige Besitzer der Grundstücke war ein Kanonikus Johann Theodor Statz (1719-1780)", erzählt Venus.

Dieser war seinerzeit Stiftsherr von St. Florin und von 1740 bis 1762 auch als Kantor für den Chorgesang verantwortlich. Das Rundbogentor, das heute den Zugang zum Gässchen ermöglicht, hat er 1749 bauen lassen – das Kleeblatt auf dem Schlussstein stellt das Statz'sche Wappen dar. „Die Anwohner und die Bürgerinitiative ‚Unsere Altstadt', die sich für die Herrichtung dieses Hinterhofes stark gemacht haben, wollten ihn ehren und haben daher seinen Namen aufgegriffen." Der Rat der Stadt Koblenz hat diesem Wunsch inzwischen entsprochen – Ende 2022 konnte daher das offizielle Straßenschild nach alter Sitte mit Wein, Mosel- und Rheinwasser getauft werden.

Besucher des Statz'schen Gässchens sollten übrigens auf die Öffnungszeiten achten: Um die Anwohner nachts nicht zu stören, ist der Zugang zu dem Hinterhof nur zu bestimmten Zeiten möglich. Ein Tor mit einer automatischen Steuerung verschließt ansonsten den Zugang.

Thomas Kölsch

So geht's zum Gässchen:

Der Durchgang zum Statz'schen Gässchen befindet sich am Altengraben 13, nur ein paar Schritte von den Vier Türmen entfernt.

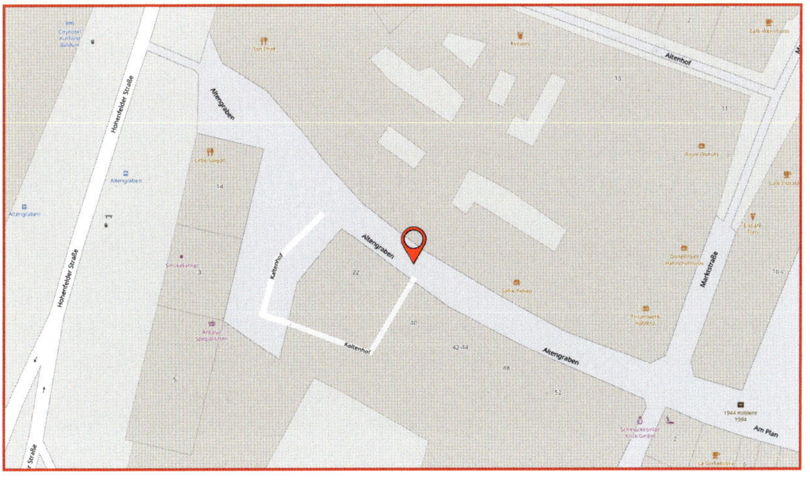

Willi Gabrich kennt die lange Geschichte das „Leck-mich-Hauses" am Neuendorfer Rheinufer.

21

Schriftzug

Das wunderbare Leck-mich-Haus

Ach, herrlich: Wenige Meter entfernt glitzert der Rhein, davor erstrecken sich sattgrüne Wiesen und an der Neuendorfer Uferstraße reiht sich ein historisches Gebäude an das andere. Über der imposanten Tür des Hauses Nummer 11 ist sogar noch ein Schriftzug in alten Lettern eingemeißelt, der ein Wappen und die Jahreszahl 1732 einrahmt. Doch Moment: Was steht da bitte?

Dieses Haus und Hofe ist freij / Wer es nicht glauben wil der lecc mich im

Arsch und gehe vorbeij. Dieser Spruch wurde nicht in irgendeiner Bahnhofsunterführung an die Wand gesprüht (na gut, dafür wäre er vielleicht ohnehin ein klitzekleines bisschen zu gestelzt), sondern findet sich an einem denkmalgeschützten Haus in Neuendorf.

Zig Besucher haben dieses in der Vergangenheit bereits besucht und fotografiert, und in dem Koblenzer Stadtteil ist das „Leck-mich-Haus" sowieso weithin bekannt. Doch welche Geschichte steckt hinter dem Gebäude und dem derben Spruch? Die Hintergründe kennen nicht viele, sagt Willi Gabrich – aber der Orts-Chronist weiß nach umfangreichen Nachforschungen, was sich hinter dem Schriftzug verbirgt.

Die Geschichte nimmt ihren Anfang, als Christianus Nell (1677-1749), der als Major in polnischen Diensten unterwegs war, in seinen Heimatort Neuendorf zurückkehrte. Hier waren die Nells eine wichtige und vermögende Familie, die unter anderem Floßherren, Hauptfischermeister und Fährpächter stellte. Christianus war einer der Sprösslinge, und er baute das Haus, das heute die Nummer 11 trägt – und zeigte dabei zum ersten Mal, dass er gern gegen den Strom schwamm.

Der im Jahr 1732 fertiggestellte Bruchsteinbau sah anders aus als die anderen Häuser, die damals bereits in der Straße standen, zum Beispiel die „Alte Brauerei" direkt nebenan, in der sich heute ein Restaurant befindet. Unter anderem trug Christianus' Haus kein Giebeldach, sondern ein Mansard-Walmdach, erklärt Gabrich. Auch Balkone an der Vorder- und der Rückseite gab es, hinten übrigens direkt über dem Misthaufen. „Insgesamt hatte das Haus einen ganz anderen Stil, das hat damals bestimmt für Unmut gesorgt."

Christianus war jemand, der sich nicht anpasste. Mündlich ist überliefert, dass er einmal auf einem Esel durch seine Tür ritt, angeblich sogar über die Treppe nach oben ins Haus. Diese Szene ist auch auf einer Spendenquittung von 1921 abgebildet, erzählt der Ortschronist. Ein Exemplar bewahrt er in seinem Archiv auf.

Jedenfalls: „Daher kam Christianus' Name ‚Dä gäckisch Major', der verrückte, närrische Major", erklärt Willi Gabrich. Der Hausherr, der wahrscheinlich ledig war, hatte eben seine Eigenheiten – was er später ein weiteres Mal nachdrücklich beweisen sollte.

„Christianus konnte nicht mit Geld umgehen", sagt Gabrich, aus Wallersheimer Gerichtsakten geht hervor, dass er verschuldet war. Das sprach sich offenbar auch im Dorf herum, „und die Neuendorfer lieben es generell derb und deftig", erzählt der Hobby-Historiker, und so wurde über den Major getratscht und gespottet.

Viele Neuendorfer haben ihr „Leck-mich-Haus“ ins Herz geschlossen.

Das wollte der wohl nicht auf sich sitzen lassen – und gab einem Steinmetz den Auftrag für einen ganz besonderen Schriftzug. Und wenn man die Vorgeschichte bedenkt, wird auch klar, wie dieser gemeint sein muss. „Dieses Haus und Hofe ist freij“ – also frei von Schulden. Und wer das nicht glaubt und weiter spottet, „der leck mich im Arsch und gehe vorbeij“. Auch ein „obszönes Gemälde“ soll Christianus Nell auf die Fassade habe malen lassen, aber wie genau dieses aussah, ist nicht überliefert. „Wir gehen davon aus, dass es zu dem Spruch passte“, meint Gabrich augenzwinkernd.

Wie die Neuendorfer damals auf den Schriftzug reagierten, kann man heute nur erraten. Bekannt ist aber: Frühere Hausbesitzer waren nicht immer angetan von dem derben Spruch über ihrer Tür. 1913/14 wollte die damalige Besitzerin das Haus abreißen und neu bauen lassen, bereits in der ersten Hälfte des 19. Jahrhunderts ließ ein Besitzer den Schriftzug übertünchen und versuchte sogar, ihn zuzuputzen, erzählt Gabrich. Man müsse sich ja schämen, wenn Menschen nach Neuendorf kämen und diese Worte lesen müssten.

Doch schon da wurde klar: Viele Neuendorfer hatten ihr „Leck-mich-Haus“ ins Herz geschlossen. Als das Gebäude abgerissen werden sollte, wurde die Polizei eingeschaltet, der Bürgermeister, der Regierungspräsident, der Pfarrer. Und als der Schriftzug übertüncht worden war, musste der Besitzer diesen wieder freilegen. Angeblich wollte der damalige Bürgermeister diesen sogar vergolden lassen, wozu es dann aber doch nicht kam. Mittlerweile sind große Veränderungen ohnehin ausgeschlossen: Das Haus des „gäckisch Major" steht unter Denkmalschutz.

Der Großteil des Baus ist bewohnt, ein Raum im Untergeschoss wird von der angrenzenden Wirtschaft als Gastraum genutzt. Die beiden Häuser gehören ohnehin zusammen: Durch eine Heirat haben sie schon seit langer Zeit immer den- oder dieselben Besitzer.

Etwas Besonderes bleibt das „Leck-mich-Haus" aber. So gab es zum Beispiel das Gerücht, dass ein Geheimgang unter dem Rhein hindurch das Gebäude mit der Festung Ehrenbreitstein verbindet. „Mit der Besitzerin habe ich alles durchsucht, aber nichts gefunden", sagt Willi Gabrich. Früher hielt sich auch die Legende, dass im Keller oder auf dem Grundstück des Hauses ein Schatz vergraben sei, „aber dieser wurde bis heute nicht entdeckt", erklärt Gabrich mit einem Lachen.

„Mit der Besitzerin habe ich alles durchsucht, aber nichts gefunden."

Belegt ist hingegen eine andere Kuriosität. Früher hatte das Haus des Majors die Hausnummer 12, die Brauerei rechts daneben die Nummer 13. Dies sei aber eine Unglückszahl, monierte ein früherer Besitzer – und so gab es gegen 1920 einige Änderungen. Die beiden Häuser links neben dem „Leck-mich-Haus" haben nicht mehr die Nummern 10 und 11, sondern 10 und 10a, Christianus' Haus die 11, das Gasthaus die 12, und das nächste die 14. Die Hausnummer 13 gibt es nicht mehr.

Der Spruch, den der Major über sein Tor hatte meißeln lassen, ist jedenfalls ein Unikat, „zumindest dürfte es das einige Haus in Deutschland sein, das diesen trägt". Aber so einmalig dieser auf einem Haus sein dürfte, so geläufig war er in der damaligen Zeit, berichtet Gabrich weiter – und zwar sowohl im Volksmund als auch in der Hochkultur.

Der fränkische Reichsritter Götz von Berlichingen, der im 15./16. Jahrhundert lebte, soll einem Amtmann eine etwas entschärfte Version entgegengerufen haben: „Da schriehe ich wider zu ime hinauff, er soldt mich hinden leckhenn." Dass einen jemand hinten oder eben am Arsch lecken soll, wurde eine geläufige Redensart – und wurde schließlich von niemand Geringerem als Johann Wolfgang von Goethe literarisch verewigt.

Im dritten Aufzug seines 1773 erschienenen Schauspiels „Götz von Berlichingen" wird der Ritter so zitiert: „Er aber, sag's ihm, er kann mich im Arsche lecken!" Damals prangte der Schriftzug aber schon längst über Christianus Nells Haus in Neuendorf.

Und bevor Gerüchte entstehen: „Die zwei – also Christianus und Goethe – haben sich nie kennengelernt“, sagt Gabrich.

Als wäre ein Goethe-Stück nicht genug der Ehre, griff auch Wolfgang Amadeus Mozart die Redewendung mit dem Kanon „Leck mich im Arsch“ auf, und eine ähnliche Textfassung soll er für den Kanon mit dem schönen Namen „Leck mir den Arsch fein recht schön sauber“ geschrieben haben, der aber von einem anderen Komponisten stammt.

Der erstgenannte Kanon ist aus dem Jahr 1782, wurde zu Lebzeiten des Komponisten aber nicht gedruckt. Erst seine Witwe überließ das Stück einem Leipziger Verlag, wo der Text aber in „Lasst froh uns sein“ abgeändert wurde. Der originale Text Mozarts wurde 1991 wiederentdeckt.

In jedem Fall kann man festhalten: Das „Leck-mich-Haus“ in Neuendorf befindet sich in bester Gesellschaft. Und falls doch wieder irgendjemand finden sollte, dass so ein vulgärer Spruch doch nicht an ein historisches Gebäude gehört, dem kann man ganz einfach sagen: Für Goethe und Mozart war der auch gut genug.

Stephanie Mersmann

So geht's zu dem Schriftzug:

Das „Leck-mich-Haus“ hat die Adresse „Am Ufer 11“ und steht im Koblenzer Stadtteil Neuendorf.

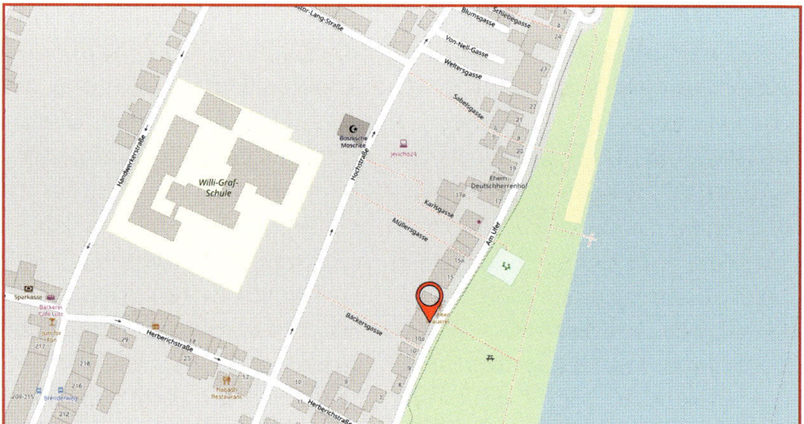

Joe Wilbert kann täglich von seinem Wirtshaus aus auf den Stiefel schauen.

Stiefel 22

Ein Hinweis auf das Handwerk

Wo heute Koblenzer Einwohner und Touristen gleichermaßen flanieren, wo Geschäfte und Boutiquen mit ihren Auslagen in den Schaufenstern für sich werben und vor allem bei schönem Wetter Gäste zum Speisen und Kaffee trinken vor den Cafés und Wirtschaften sitzen, verlief bis in die Mitte des 18. Jahrhunderts die Kloake von Koblenz. „Entenpfuhl" heißt die Straße, die auf den Plan mündet. Sie lag in der Vergangenheit sehr tief, deshalb sammelte sich, wenn die Mosel einen erhöhten Wasserstand hatte, Grundwasser in diesem Graben. Unrat von Mensch und Tier schwamm herum und versickerte dort im Boden. „Das war ja hier eine Abortrinne im Entenpfuhl und die verlief auch über den Plan. Das muss übel gerochen haben", sagt Gastronom Joe Wilbert. Sein Wirtshaus „Alt Coblenz" befindet sich in der Koblenzer Altstadt, von dem aus man einen Stiefel über dem Plan hängen sehen kann. „Als ich noch ein kleiner Junge war, da hat es hier am Plan ja noch ganz anders ausgesehen", erinnert er sich. Damals habe die Straßenbahn (siehe Geheimnis 03) den Platz überquert, in den Häusern waren andere Geschäfte als heute angesiedelt und die Alte Feuerwache (siehe Geheimnis 25) sei noch im linken Nachbargebäude untergebracht gewesen. Natürlich gab es die Abortrinne in seiner Kindheit schon lange nicht mehr. Aber die Erzählungen darüber, die hat er als kleiner Bub noch gehört. Joe kennt den Plan jedenfalls lange genug, um zu wissen, wie sich der Platz im Laufe der Jahrzehnte verändert hat.

Die Geschichte der Stadt hat ihn schon immer interessiert. Auch damit er den Gästen in seinem Wirtshaus, die nicht selten als Touristen die Stadt Koblenz besuchen, Auskunft geben kann, hat er sich mit der Historie der Stadt und vor allem mit der Altstadt beschäftigt, in der er seit 1979 als Gastwirt ansässig ist. Die Wände im „Alt Coblenz" sind geschmückt mit zahlreichen Bildern, Fotografien und anderen Zeugnissen längst vergangener Tage. Ein bisschen wie in der Zeit zurückversetzt kann man sich fühlen, wenn man in der gemütlichen Gaststube oder dem urigen Kellergewölbe Platz nimmt. Alte Schwarzweiß-Fotografien zeigen vieles, was heute ganz anders ist als noch vor ein paar Jahrzehnten. „Vieles hat natürlich mit den Luftangriffen auf Koblenz im Zweiten Weltkrieg zu tun", weiß der Wirt. Damals sei so viel zerstört worden. Aber auch städtebauliche Veränderungen haben das Gesicht der Stadt verändert. Das Nachbargebäude auf der rechten Seite zum Beispiel. „Da stand ein wunderschönes altes Haus, mit Stuck verziert. In den 1960er-, 70er-Jahren ist der Stuck einfach entfernt und eine Marmorfront angebracht worden. Der Charme des Hauses, in dem übrigens die Sängerin Henriette Sontag geboren wurde (siehe Geheimnis 41), ist dadurch verschwunden", findet Joe.

Ein paar Gegebenheiten seien dann allerding heute doch noch so wie damals, fährt Joe fort. Und dazu gehört der Stiefel. Es handelt sich dabei um ein Zunftzeichen. „Ich bin ja schon als kleiner Junge hier entlanggelaufen. Das Zeichen hing auch damals dort oben", sagt der Gastwirt.

Das Schusterzunftzeichen ist ein sogenanntes Nasenschild. Diese waren meistens aus Eisen und hingen an Hauswänden in die Gassen und Straßen hinein. Sie dienten eigentlich schon immer der Werbung und gaben durch die darauf gezeigten Symbole an, welches Handwerk in dem jeweiligen Haus angesiedelt war und welche Arbeiten und Produkte dort zu finden waren. Die Fischer zum Beispiel zeigten Fische, der Schlosser Schlüssel, der Schneider

Schere, Nadel und Zwirn und der Schuster zeigte Stiefel und Schuhe. Letztere sind auch auf dem Schusterzunftzeichen Am Plan deutlich zu erkennen. Ursprünglich hing es am Schusterzunfthaus in der Görgengasse, unweit seines heutigen Standortes. Es soll vier Stockwerke hoch und reich mit den Symbolen des Schusterhandwerks verziert gewesen sein. Viele weitere Zünfte waren in der Stadt angesiedelt. Es gab ein Schiffer-Zunfthaus, ein Zunfthaus der Kaufleute, ein Bau-Zunfthaus und auch die Wingerts- und Fuhrleute hatten ein Gebäude, in dem sie sich trafen.

Als müsse es einfach so sein, befindet sich in dem Gebäude, an dem das Schusterzunftzeichen heute angebracht ist, ein Schuhgeschäft. „Das Gebäude in der Görgengasse, wo sich das Zunfthaus der Schumacher befand, wurde zerstört“, weiß Joe. Im Erdgeschoss dieses Hauses hatte bis dahin das Schuhhaus Hartmann seine Geschäftsräume. „Das Schuhhaus ist dann ins Gebäude 12 Am Plan umgezogen und der Hausbesitzer hat das Zunftzeichen mit dem Stiefel des früheren Zunfthauses dort anbringen lassen.“

Christl Eberlein

So geht's zum Stiefel:

Er hängt Am Plan Hausnummer 12 in der Koblenzer Altstadt.

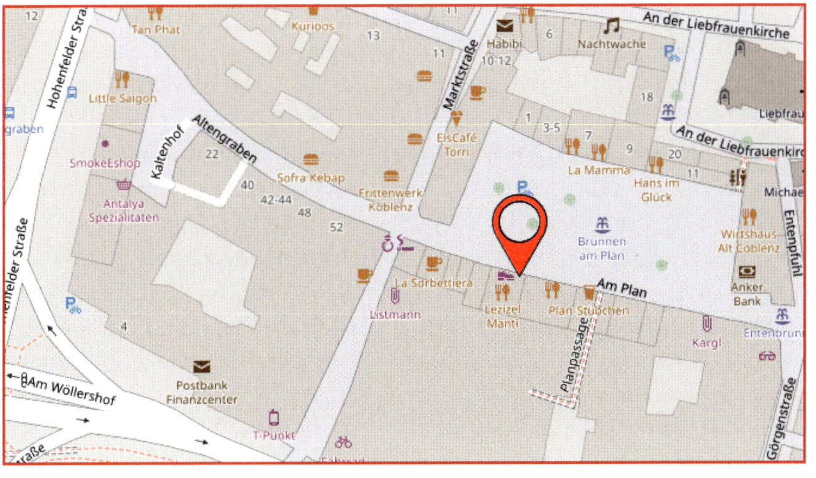

Dr. Eberhard Schulte-Wissermann weiß, was die beiden Basaltlavaplatten im Innenhof des Rathauses II zu bedeuten haben.

23 Platten

Erinnerung an den Erbauer

Die sehen aber ganz schön alt aus, die beiden Steinplatten an einer Wand im Innenhof des Rathauses II in der Koblenzer Altstadt. Sie bestehen aus Basaltlava, woran der Zahn der Zeit deutlich genagt hat. Die eine Platte ist schon so stark zerfallen, dass das Bild, das sie sicher einmal gezeigt hat, nicht mehr zu erkennen ist. „Das war eine Weihetafel und die andere Platte war ein Grundstein", erklärt Dr. Eberhard Schulte-Wissermann, Oberbürgermeister a.D. der Stadt Koblenz. Das Rathaus ist während seiner Amtszeit von 1994 bis 2010 sein täglicher Arbeitsplatz gewesen. Aber den Innenhof des Rathauses II, den kannte er bereits in seiner Kindheit, denn im Nachbargebäude befindet sich bis heute eine Schule. „Ich bin hier im Görres-Gymnasium zur Schule gegangen", erzählt Schulte-Wissermann. „Ich kannte das schon, als das alles noch nach dem Zweiten Weltkrieg kaputt war", fährt er fort. Das Gebäude, zu dem die Steinplatten einst gehörten, ist in seinem ursprünglichen Zustand nicht mehr zu sehen. Die beiden Platten sind Zeugnisse der Anfänge des Görres-Gymnasiums. „Im Jahr 1582 wurde an der Stelle des heutigen Rathauses ein ‚Collegium Sosietatis Jesu' gebaut", sagt der Politiker im Ruhestand. Und beide Platten weisen auf den Erbauer und Gründer dieser Einrichtung hin. Auf der farblich etwas dunkleren Grundsteinplatte steht in lateinischer Sprache sinngemäß geschrieben, dass der Trierer Erzbischof und Kurfürst Johann VII. von Schönenberg (1525-1595) der Gründer des Gebäudes und der Einrichtung war. Noch deutlich unter der Inschrift zu erkennen ist sein Wappen.

Die zweite Tafel, die rechts neben dem Grundstein über einer Tür angebracht ist, ist die Weihetafel für den ein Jahr nach dem Hauptbau entstandenen Südflügel. Auch diese Tafel trägt eine Inschrift. Die Übersetzung lautet: „Johannes, von Gottes Gnaden Erzbischof von Trier, des Heiligen Römischen Reiches Erzkanzler für Burgund und das Königreich Arelat, Fürst, Kurfürst und Gründer des Kollegiums, hat dieses Gebäude fertiggestellt im Jahr 1589", liest Eberhard Schulte-Wissermann vor. Das Jesuitenkolleg wurde schon 1773, als Papst Clemens XIV. (1705-1774) den Jesuitenorden aufhob, wieder geschlossen, „aber als kurfürstliches und ab 1815 als preußisches Gymnasium fortgeführt", ergänzt er. Das Gymnasium ist seit 1894 auf dem Nachbargrundstück in einem neuen Schulgebäude untergebracht. Zerstört wurde der Bau schließlich am Ende des Zweiten Weltkrieges. Die beiden Basaltlavaplatten sind als Hinweis auf das Jesuitenkolleg und seinen Erbauer geblieben.

Christl Eberlein

So geht's zu den Platten:

Der Grundstein und die Weiheplatte sind im Innenhof des Rathauses II, Willi-Hörter-Platz 3, zu sehen.

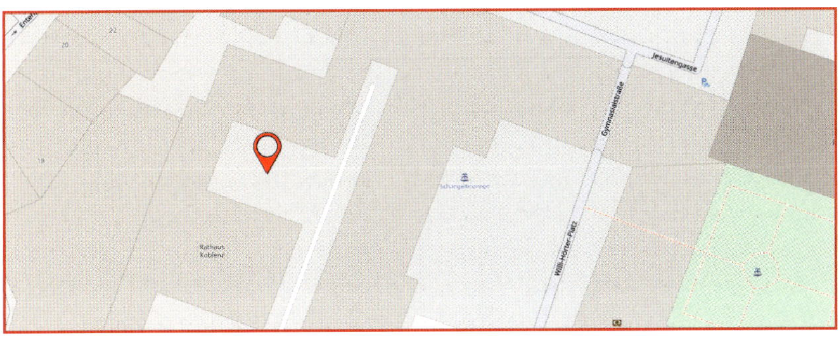

Dr. Cliff Jost kniet an der Stelle, an der sich früher das Hypokaustum der römischen Villa befand.

24 Pflastersteine

Grundriss auf der Straße

Koblenz gehört zu den ältesten Städten Deutschlands. Schon die Römer haben hier eine befestigte Siedlung errichtet, um die Route zwischen Mainz, Köln und Xanten sowie den Limes zu sichern, und sowohl die Städte als auch die Garnisonen wollten natürlich mit Lebensmitteln versorgt werden. So entstanden in den fruchtbaren Becken- und Tallandschaften an Rhein und Mosel zahlreiche Höfe und Landgüter. Eines davon haben Archäologen in den 1980er-Jahren im heutigen Stadtteil Lay gefunden, mitten in einem Wohngebiet. Wer genau hinschaut, kann noch heute entsprechende Spuren finden – und zwar auf der Straße. Denn die Stadt hat zumindest einen Teil des

Grundrisses der zentralen Villa in den Pflastersteinen des Schwedenpfades nachgebildet.

Für Dr. Cliff Jost, kommissarischer Leiter der Landesarchäologie Koblenz, ist die Rückkehr nach Lay immer mit prägenden Erinnerungen verbunden. „Ich habe hier 1988 als Zivildienstleistender an den Grabungen mitgewirkt“, erzählt er. „Das war schon ein spannendes Projekt, weil wir nicht nur eine römische Villa Rustica, sondern auch 24 Bestattungen aus fränkischer Zeit mit zahlreichen Grabbeilagen gefunden haben.“ Die allerdings zusammengehören. „In gewisser Weise ja. Nach dem Fall des Limes im Jahr 260 und dem Zusammenbruch des Weströmischen Reiches im fünften Jahrhundert haben die Franken zwischen 496 und 506 die Herrschaft übernommen und sich auch in dieser Gegend niedergelassen – wahrscheinlich war dies der Ursprung des mittelalterlichen Dorfs Lay. Mit römischen Gebäuden konnten sie aber wenig anfangen, sie haben Holzhäuser bevorzugt. Die Steine der Villa haben sie in erster Linie benutzt, um die Gräber ihrer Verstorbenen einzufassen.“ Während die Römer vor allem in den ersten beiden Jahrhunderten nach Christus ihre Toten vorwiegend verbrannten (entsprechende Brandgräber wurden schon 1928 an der heutigen Pfarrkirche St. Martinus gefunden), pflegten die Franken eher die Körperbestattung.

„Dazu kamen natürlich noch Ställe, Scheunen und andere Hofgebäude, die alle unterhalb gelegen haben dürften. Die Villa selbst stand oben am Hang, mit einem wunderbaren Blick ins Tal und auf die Mosel.“

Die eingeschossige Villa muss auf jeden Fall recht stattlich gewesen sein. „Mit einer Fassadenlänge von 35 Metern und insgesamt 735 Quadratmetern Grundfläche war sie jetzt kein Palast, aber doch schon eindrucksvoll“, sagt Jost. „Dazu kamen natürlich noch Ställe, Scheunen und andere Hofgebäude, die alle unterhalb gelegen haben dürften. Die Villa selbst stand oben am Hang, mit einem wunderbaren Blick ins Tal und auf die Mosel.“ Nach vorne öffnete sie sich mit einem Säulengang, hinter dem sich ein repräsentativer großer Saal befand. Auf der Westseite befand sich eine Badeanlage mit Fußbodenheizung, ein so genanntes Hypokaustum. „Das war schon modern, aber in den römischen Villen nichts ungewöhnliches“, so Jost. „Bewohnt wurde sie vom ersten bis dritten Jahrhundert nach Christus, im vierten oder fünften Jahrhundert wurde sie dann noch einmal genutzt." Danach verfiel sie. „Auf dem Grundriss im Straßenboden ist übrigens nur abgebildet, was wir auch wirklich ausgegraben haben", betont Jost. Außerdem reicht er ohnehin nur bis zu einer hohen Hecke. Das Hypokaustum ist aber deutlich zu sehen, wenn man weiß, was das ungewöhnliche Schachbrettmuster zu bedeuten hat.

Was genau auf dem Landgut angebaut wurde, lässt sich heute nicht mehr feststellen. „Es würde mich nicht wundern, wenn neben Obst und Gemüse zumindest ab dem 3. Jahrhundert auch Wein gepflanzt und geerntet wurde", vermutet Jost. „Das Klima war zu jener Zeit in etwa so wie jetzt, vielleicht sogar noch zwei Grad wärmer. Auf jeden Fall dürften die Bedingungen für römische Winzer ideal gewesen sein. Zusätzlich werden sie aber wahrscheinlich auch Vieh besessen haben. Die Gutsbesitzer in der Gegend hatten mit den Soldaten und Städtern auf jeden Fall gute und verlässliche Abnehmer." Und was ist nach fast 2000 Jahren geblieben? Ein Muster in den Pflastersteinen.

Thomas Kölsch

So geht's zu den Pflastersteinen:

In Lay der Legiastraße folgen, bis rechts der Schwedenpfad abgeht. Am Ende der Straße ist der Grundriss mit hellen Pflastersteinen nachgebildet.

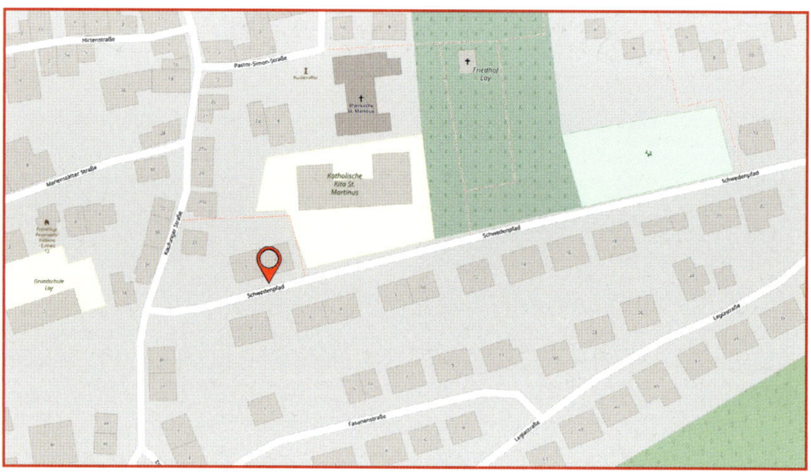

Am Plan hat Hans Kievernagel seinen Beruf von der Pike auf gelernt. Auch wenn der Platz heute ganz anders aussieht und das Gebäude eine andere Verwendung gefunden hat, die sieben Torbögen sind nach wie vor an Ort und Stelle.

Torbögen 25

Versorgung für die ganze Stadt

Wer heute Am Plan im Haus mit der Nummer 11 einen Kaffee trinkt oder einen Burger isst, der kann sich vermutlich nicht mehr vorstellen, welchem Zweck das Gebäude einmal gedient hat. Die Decken sind nicht besonders hoch, der Platz vor dem Haus ist eine Fußgängerzone und bei schönem Wetter sitzen zahlreiche Gäste an den Tischen der ansässigen gastronomischen Betriebe.

Aber zwischen 1910 und 1974 sah es dort ganz anders aus. Im Erdgeschoss fielen sieben große Torbögen, sechs davon mit schweren Holztüren, ins Auge. Der rechte Bogen war und ist bis heute ein Durchgang zur Rückseite des Gebäudes. Auf dem Platz davor standen keine Tische und Stühle, sondern ein VW-Bus mit einer Liege im Innenraum und in regelmäßigen Abständen wurden dort Schläuche „abgedrückt". Das war der Arbeitsplatz von Hans Kievernagel, 1965 trat er dort gemeinsam mit zwei weiteren Berufsanfängern seinen Dienst an. Nach seiner Zeit bei der Bundeswehr hatte der gelernte Fernmeldehandwerker einen anderen Beruf im Sinn. „Mein damals zukünftiger Chef kam, als ich meine Bewerbung abgegeben hatte, zu meiner Frau und mir privat nach Hause, um sich zu erkundigen, wie die Verhältnisse bei uns so sind, ob ich ein Seriöser bin", erinnert sich Hans Kievernagel. „Das war eine Kuriosität. Das lief ja damals alles ganz anders als heute. Und jeder im Team musste alles können und hat daher alles gelernt bei der Ausbildung zum Feuerwehrmann."

Den Umgang mit der „Hakenleiter" kann er noch immer bis ins kleinste Detail beschreiben. Und vom „Abdrücken" der Schläuche erzählt er von damals mit einem Schmunzeln im Gesicht: „Am Platz vor dem Haus gingen den ganzen Tag über viele Leute vorbei. Und wenn wir die Schläuche abgedrückt haben, dann ist dabei auch schon mal einer geplatzt und diejenigen, die gerade in der Nähe waren, die sind dann eben nass geworden."

„Hakenleiter", Schläuche „abdrücken" und der VW-Bus vor dem Gebäude; was befand sich denn im Haus mit der Nummer 11 Am Plan? Die alte Feuerwache! 64 Jahre lag war dort der Standpunkt der Berufsfeuerwehr, die für den gesamten Stadtbereich von Koblenz zuständig war. Dabei war das Gebäude gar nicht als Feuerwache gebaut worden. Zuvor befand sich darin das Rathaus. Doch die Stadtverwaltung war in andere Räumlichkeiten umgezogen. Für die neue Nutzung als Feuerwache mussten zunächst Werkstätten, ein Schlafsaal, ein paar Wohnungen und vor allem Platz für die Ausrüstung der Brandschützer geschaffen werden. Auf der Rückseite des Gebäudes erkennt man bei genauerem Hinschauen die Erweiterung der Räume im Erdgeschoss. Durch den Anbau ist ein Plateau entstanden, das sich wie eine erhöhte Terrasse mit einer darunter liegenden Garage an das ursprüngliche Gebäude anschließt und über mehrere Stufen erklommen werden kann. „Das haben wir damals alles erst angebaut, selber, ohne Handwerker. Das war ja alles viel zu klein für eine Feuerwache. Das Gebäude wurde nach hinten raus aufgebrochen und ausgebaut", berichtet Hans Kievernagel, der es in seiner aktiven Zeit bis zum Hauptmeister gebracht hat. Eine Wachabteilung hat er unter sich gehabt und war unter anderem für die Einteilung des Personals verantwortlich. „Alle Bereiche mussten besetzt werden. Taucher, Atemschutz, Leiter, Löschboot, man musste immer sehen, dass genügend Personal da war für einen möglichen Einsatz." Und davon hat Hans Kievernagel in seiner Zeit so einige miterlebt. Der größte und in der ganzen Stadt bekannte Einsatz war der Einsturz der Südbrücke im Jahr 1971. „Es war wirklich dramatisch. Das letzte Brückenteil sollte hochgehoben und angeschweißt werden. Und beim Anheben ist der vordere Teil der Brücke, wo der Kran draufstand, abgebrochen und alles ist runtergerutscht, auch viele Arbeiter. Und als wir an der Unfallstelle ankamen, war ein rechtes Durcheinander. Das ganze Teil stand noch unter Strom von den schweren Transformatoren. Es sollte ja geschweißt werden. Taucher kamen zum Einsatz, aber alle Menschen, die in den Fluss gestürzt waren, waren tot", berichtet Hans Kievernagel aus seinen Erinnerungen. Der tragische Unfall war die größte Katastrophe, die der Brandschützer in seiner Dienstzeit erlebt hat.

Mittlerweile hat Koblenz nicht nur eine Feuerwache, schließlich gibt es Stadtteile, die auf den jeweils anderen Flussseiten gelegen sind. Sollte eine der Brücken nicht mehr befahrbar sein, wäre der Stadtteil von der Versorgung abgeschnitten. Aber zwischen 1910 und 1974 gab es nur die eine, die alte Feuerwache mit den sieben Torbögen Am Plan Nummer 11.

Christl Eberlein

So geht's zu den Torbögen:

Sie befinden sich, vom Entenpfuhl aus kommend auf der rechten Seite, Am Plan Nummer 11 in der Altstadt von Koblenz.

Das Steinkreuz, an dem Michael Hörter steht, wird von Besuchern der Stadt, die das Deutsche Eck sehen wollen, meist gar nicht beachtet.

26 Steinkreuz

Jahrelange Mogelei

Fragt man in Koblenz nach dem Deutschen Eck, dann führen so gut wie alle Antworten zu der künstlich aufgeschütteten Landzunge am Zusammenfluss von Rhein und Mosel. Dort steht das 37 Meter hohe und 63 Tonnen schwere Reiterdenkmal von Kaiser Wilhelm I. (1797-1888). Das mächtige, die Stadt prägende Bauwerk erhebt sich über einer großen Plattform. Dort sitzt die riesige Figur des Kaisers auf dem Rücken seines Pferdes, ein Hengst, wie für jeden sichtbar ist, der unter dem bronzenen Tier stehend einen Blick nach oben wirft. Der Kaiser schaut flussabwärts den Rhein entlang in die Ferne.

Es gäbe noch so viel zu berichten über das monumentale Denkmal, seine Errichtung, seine Zerstörung und Neuaufstellung, doch eines, was immer wieder über diesen Ort berichtet wird, stimmt überhaupt nicht: „Das ist nämlich gar nicht das Deutsche Eck", erklärt Michael Hörter. Der ehemalige Stadtrat und Landtagsabgeordnete begleitet heute als Gästeführer Besuchergruppen durch die Stadt und klärt die Verhältnisse um diesen bekannten Ort erst einmal auf. „Während das Kaiser-Wilhelm-Denkmal seit dem Ende des 19. Jahrhunderts das Stadtbild prägt, existiert das Deutsche Eck schon viel länger, nämlich seit dem Mittelalter. Seinen Namen hat es vom Deutschen Orden, der im Jahr 1216 eine erste Niederlassung am Rhein gründete", weiß Michael Hörter zu berichten. Die Mitglieder des Deutschen Ordens pflegten in Koblenz Kranke und Verletzte. Eines der Gebäude, in denen sie dies taten, ist das sogenannte Deutschherrenhaus. Heute birgt das Gebäude das „Museum Ludwig", eine nicht unbedeutende Sammlung zeitgenössischer Kunst. Doch zurück zum Deutschen Eck und dem Steinkreuz.

Das Gelände ist rhein- und moselseitig von einer dicken Mauer aus Bruchsteinen umgeben. Diese fügt sich, mit Moosen und Efeu bewachsen, harmonisch in ihre heute als Park angelegte Umgebung ein. Dass hier einmal lediglich eine seichte Sandinsel im Fluss lag und das Wasser beinahe bis an die Mauer heran reichte, ist heute nicht mehr zu erkennen. Das ganze Areal wurde aufgeschüttet und befestigt, um an der neu entstandenen Ecke, an der Mosel und Rhein zusammenfließen, im Jahr 1897 das Reiterstandbild einzuweihen. Schaut man sich die Mauer allerdings etwas genauer an, sieht man deutlich das große, schwarze Steinkreuz in der Bruchsteinmauer. Michael Hörter lüftet das Geheimnis: „Es handelt sich um ein Deutsch-Ordens-Kreuz und ganz nebenbei um das echte Deutsche Eck".

Christl Eberlein

So geht's zum Steinkreuz:

Es befindet sich auf dem erhaltenen Teil der Mauer, die das heutige Museum Ludwig, in der Esther-Bejarano-Straße 1 umgibt.

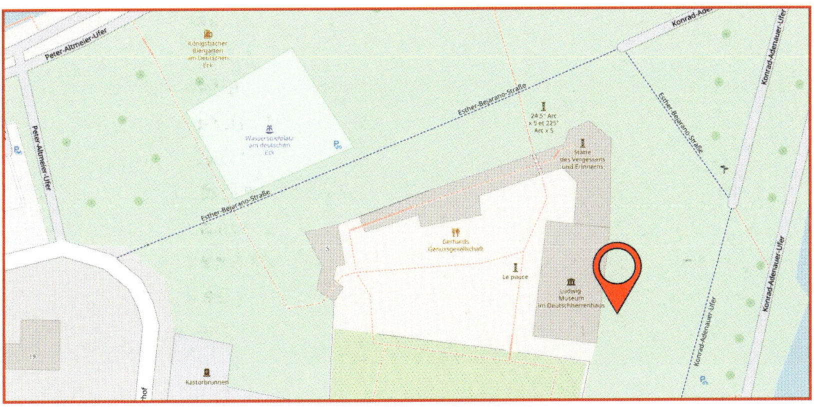

Turm Ungenannt

27

Turm

Das Geheimnis des Namenlosen

Direkt am Eingang zur Festung Ehrenbreitstein kauert der Turm Ungenannt, ein massives Halbrund, das eher in die Breite als in die Höhe strebt. Im Inneren des dreistöckigen Gebäudes mit dem eigenwilligen Namen befindet sich die Ausstellung zur Geschichte der gesamten Anlage, zugleich beginnt hier der Festungsrundweg. Angeblich, so wird gern kolportiert, sei der Bau deswegen „Ungenannt", weil sowohl Prinz Friedrich Wilhelm Ludwig von Preußen (1797-1888) als auch Großfürst Nicolai Pawlowitsch von Russland (1796-1855) am 29. Juni 1821 am Bau mitwirkten und jeder dem anderen bei der Benennung den Vortritt lassen wollte. Doch diese Behauptung, sagt Kunsthistoriker und Denkmalpfleger Manfred Böckling, könne so nicht stehen gelassen werden.

Dass sowohl der Zarensohn als auch der Preußenprinz am fraglichen Tag mitgemauert haben, steht dabei außer Frage: Eine teilweise zerschossene, aber noch lesbare Sandsteintafel über dem Eingang lässt daran keinen Zweifel. „Allerdings haben die Preußen nur komplette Festungswerke nach Persönlichkeiten benannt und nicht einzelne Teile", erklärt Böckling. „Vielmehr kann man davon ausgehen, dass die Bauherren eine Tradition der kurtrierischen Festung lebendig halten wollten – denn schon im 17. Jahrhundert ist hier ein Gebäude gleichen Namens belegbar."

Ab 1676 verstärkten die Erzbischöfe Karl Kasper von der Leyen (1618-1676) und Johann Hugo von Orsbeck (1634-1711) sukzessive die Festung Ehrenbreitstein und überbauten unter anderem den Hellengraben mit einem Wohnhaus. Dieses musste nach der französischen Belagerung von 1688 repariert werden. „Das Werk Ungenannt vor der östlichen Bastion des Hauptwalls sicherte zu jener Zeit das Vorfeld der Festung", führt Böckling aus. „Damals war es durchaus üblich, einzelne Bauten nach Kurfürsten zu benennen. Allerdings gab es bei der Fertigstellung des Werkes unter von Orsbeck bereits zwei Gebäude mit seinem Namen, und man wollte sicherlich vermeiden, dass ein Offizier bei einem Notfall einen Befehl gab und Soldaten zum völlig falschen Ort eilten. Insofern

Eingangsbereich von Turm Ungenannt.

gehe ich eher davon aus, dass es sich um ein barockes Sprachspiel handelt: ‚Ungenannt' bedeutet unter anderem ‚namenlos' – aber auch ein Bau, der ‚Ungenannt' heißt, ist ja benannt." Ebenso wenig unbekannt: Die Preußen hätten sich beim Wiederaufbau des Ehrenbreitsteins unter anderem der alten Bauzeichnungen aus kurtrierischer Zeit bedient, auf denen das Werk Ungenannt vermerkt war. „Wie in anderen Fällen auch dürften die Ingenieure den Namen kurzerhand für den Turm übernommen haben."

Für die Soldaten auf der Festung Ehrenbreitstein war der Turm übrigens ab 1828 von zentraler Bedeutung, beinhaltete er doch die Pumpe, mit denen das aus einer Quelle kommende Wasser für die Anlage zunächst nach oben und schließlich in die Zisternen befördert wurde. „Natürlich bestand immer die Gefahr, dass ein Feind die Leitungen außerhalb der Festung finden und kappen könnte", führt Böckling aus, „aber eigentlich sollte der Turm dafür sorgen, dass die Zisternen stets gut gefüllt und damit für eine bis zu einem halben Jahr andauernde Belagerung bereit waren." Ab 1884 erfüllte der Turm Ungenannt schließlich noch eine weitere, damals fast schon revolutionäre Funktion: Vor ihm richteten die Preußen eine Großraumdusche ein.

Thomas Kölsch

So geht's zum Turm:

Er steht direkt links vom Haupteingang zur Festung Ehrenbreitstein.

Durch diese Tür, vor der Marlis Weiß sitzt, ging es in die Wirtschaft des Ehepaares Etz.

28 Etzegäßchen

Kurze Gasse, lange Geschichte

Eins, zwei, drei,… rund 30 Schritte ist es lang, das „Etzegäßchen". Dass es damit das kürzeste Gässchen in Koblenz ist, ist indes kein Geheimnis. Aber wie ist es zu seinem Namen gekommen? Eine Tafel, gestiftet von der Altstädter Brunnengemeinschaft im Jahr 1983, trägt die Inschrift: *Etzegässje. Kürzeste Gasse in Koblenz. Benannt nach der Familie Etz, die hier Ende des 18. Jhdts. eine Weinwirtschaft betrieb.* Die Tafel hängt am Haus mit der Nummer 84 in der Gemüsegasse. Die beiden Wirtsleute hießen Johann Josef und Anna-Maria Etz. „Ihre Gaststube soll ein beliebter Treffpunkt für die Leute aus der Stadt gewesen sein. Hier wurde nicht nur getrunken, hier wurde getratscht, meist ‚iwwer andere Lait', und auch die neuesten Neuigkeiten ‚weiterverzählt', also ausgetauscht, verbreitet und diskutiert. Es wurde ‚zesammegesess on scheen gebabbelt' hätte meine Oma Lisbeth gesagt", erzählt Gästeführerin Marlis Weiß schmunzelnd.

Reger Austausch und Gesprächsbedarf entstand in Etzes Weinwirtschaft mit Sicherheit auch durch einen Artikel aus dem *Koblenzer Anzeiger* vom 8. Juni 1798. Darin wurde berichtet, dass der Bürgermeister dem französischen Gesetz Gültigkeit zusagte, das den Koblenzern die Ausübung jeder religiösen Handlung außerhalb der Kirche untersagte. Säkularisierung also. Das sollte auch für Prozessionen und sogar Begräbnisse gelten. Bei Verstößen drohten laut diesem Gesetz eine Geldstrafe, Gefängnis bis zu zwei Jahren und im Wiederholungsfalle zehn Jahre Zwangsarbeit. Die Koblenzer kannten schon länger die antikirchliche Einstellung der französischen Besatzer, die seit 1794 in der Stadt waren. Und nun sollte es ein Verbot ihrer Prozessionen und Leichenbegräbnisse geben?

In Büchern über die Geschichte von Koblenz, wie dem von Helmut Kampmann, findet man Berichten über ein Ereignis, das sich einen Tag nach der Veröffentlichung im Koblenzer Anzeiger, nämlich am 9. Juni 1798, abgespielt haben soll. Einige couragierte Frauen, darunter Anna-Maria Etz, seien, ein Kreuz voran tragend, von der Liebfrauenkirche zum Friedhof gezogen, so wie es bei Begräbnissen der Brauch war. Sie haben sehen wollen, ob sich die Obrigkeit angesichts des Kreuzes trauen würde, den „Trauerzug" aufzuhalten oder sogar aufzulösen. Tatsächlich seien französische Gendarme hinzugekommen und es sei zu einem heftigen Ringen um das Kreuz gekommen. Einer der „Ordnungshüter" soll dabei sogar zu Boden geschlagen worden sein. Schließlich hätten diese das Feld räumen und erkennen müssen, dass die Frauen aus der „Rue de légumes", wie die Gemüsegasse damals hieß, in jeder Hinsicht die Oberhand behalten hatten.

Dieser Vorfall ist selbstverständlich auch Marlis Weiß bekannt und in ihren Altstadtführungen erzählt sie von dem Mut der Anna-Maria Etz und den anderen Frauen. Sie beginnt so: „Es gibt ein kleines Verbindungsgässchen zwischen Mehl- und Gemüsegasse, ‚das Etzegäßchen'." Die Gästeführerin berichtet von der Schankwirtschaft, der Besatzung durch die Franzosen und der

„Es gibt ein kleines Verbindungsgässchen zwischen Mehl- und Gemüsegasse, das Etzegäßchen."

Säkularisierung. „Es war ja alles Religiöse verboten. Nicht einmal mehr einen Leichengang mit Kreuz voran oder eine Prozession durfte es geben. Aber nicht mit Anna Maria Etz. Sie hat sich mit ihren Freundinnen aus der ‚Rue de Schumm' zusammengetan und die Frauen haben einen solchen Zirkus vor den Franzosen veranstaltet, dass die abgehauen sind." Das sei einer der Momente in ihrer Stadtführung, die die Stadtbesucher amüsierten, so Marlis Weiß. „Und Koblenz war dann die Region, wo man Religion öffentlich zeigen konnte, trotz der Säkularisierung durch die Franzosen", sagt sie in der Stadtführung. „Der Letzte hat noch gesagt, ‚wir rufen de Gendarme'. Als wenn en Kowelenzer Frau vorm Gendarm Angst hätte!" Dieser couragierten Frau zu Ehren ist also das Gässchen „Etzegässchen" genannt worden. „Und dann sage ich immer spaßhaft, das ist eine Unverschämtheit, nur das kürzeste Gässchen. Wenn das ein Kerl gewesen wäre, dann hätte er die Schlossstraße bekommen", schließt Marlis Weiß ihre Erzählung. Wie man es auch berichtet, das „Etzegäßchen" erinnert durch seine Namensgeberin an eine Frau, die großen Mut bewiesen und auf ihre Weise damit Erfolg gehabt hat.

Christl Eberlein

So geht's zum Etzegäßchen:

Man folgt von der Liebfrauenkirche aus der Mehlgasse. Etwa auf halber Höhe, zwischen den Häusern Mehlgasse 7 und 9 geht es links ab in das Etzegäßchen.

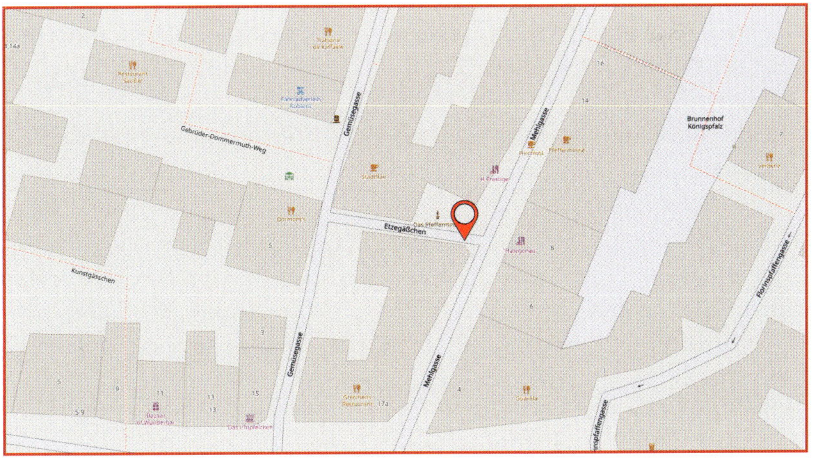

Günter Laubenthal steht neben dem Stein am Modellflugplatz, der dem erfolgreichen Flugzeugkonstrukteur Carl Clemens Bücker gewidmet ist.

29 Gedenkstein

Erinnerung an einen Luftikus

Carl Clemens Bücker, am 11. Februar 1895 in Koblenz-Ehrenbreitstein geboren, im März 1976 auf dem Koblenzer Hauptfriedhof beigesetzt, Namensgeber eines Platzes in Ehrenbreitstein und eines Gedenksteins etwas außerhalb des Stadtteils Rübenach. Carl Clemens Bücker, noch nie gehört? So geht es wahrscheinlich den meisten Menschen. Günter Laubenthal aber weiß genau, wer dieser Koblenzer war. „Er war seinerzeit weltberühmt für seine Maschinen." Zwei davon waren die „Bü 131 Jungmann" und die „Bü 133 Jungmeister", auf der viele Generationen einer bestimmten Berufsgruppe ihre Ausbildung machten. Betrachtet man den Werdegang von Carl Clemens Bücker, wird schnell klar, worum es sich bei seinen Maschinen handelt.

Aufgewachsen ist Bücker im ehemaligen Gasthof „Weißes Roß" in der Hofstraße 277 in Ehrenbreitstein. Sein Vater war Generalarzt. Der junge Carl Clemens besuchte das Kaiserin-Augusta-Gymnasium, das heute Görres-Gymnasium heißt. Seinen Militärdienst leistete er bei der kaiserlichen Marine in Kiel. Erst danach schlug er die Richtung ein, für die sein Name steht:

die Fliegerei. Günter Laubenthal, der sich schon früh für Flugzeuge und das Fliegen interessierte und schon einige Zeit mit Flugzeugmodellen verbracht hat, ist bei diesem Hobby auch auf den Namen Carl Clemens Bücker gestoßen und hat etwas nachgeforscht. „Seine Ausbildung zum Flieger machte Bücker in Deutschland. Danach ging er nach Schweden, bewarb sich bei der dortigen Marine als Berater und Einflieger und wurde sogar schwedischer Staatsangehöriger. Aber er ist nicht in Skandinavien geblieben. Als die Flugzeugwerke Svenska Aero AB, bei denen er technischer Direktor war, in Konkurs gingen, kehrte er in den 1930er-Jahren nach Deutschland zurück. In Berlin gründete er dann die Bücker Flugzeugbau GmbH", berichtet Günter Laubenthal. „Dort wurden die ‚Bü 131 Jungmann' und die ‚Bü 133 Jungmeister' gebaut. In diesen Doppeldeckern lernten zur damaligen Zeit die Piloten das Fliegen, diese Maschinen waren die Standardflugzeuge für die Pilotenausbildung." Der Bückerplatz in Ehrenbreitstein und die Gedenktafel am Modellflugplatz in Rübenach erinnern also bis heute an den erfolgreichen Koblenzer Flugzeugkonstrukteur Carl Clemens Bücker.

Christl Eberlein

So geht's zum Gedenkstein:

Er befindet sich neben dem Modellflugplatz am Ende der Wolkener Straße, außerhalb des Koblenzer Stadtteils Rübenach.

IN · DIESEM · HAUSE · WURDE · AM
14. JULI · 1801
DER · GROSSE · ERFORSCHER · DER
ANATOMIE · UND · PHYSIOLOGIE
JOHANNES · MÜLLER
GEBOREN

30

Plakette

Viel Streit um ein Geburtshaus

Nummer 6! Nein, Nummer 3! Nein, Nummer 6! So ging das 80 Jahre lang bei der Frage, welches nun tatsächlich das Geburtshaus von Johannes Müller ist. „Manche haben gesagt, die Gedenktafel muss an das echte Geburtshaus und das sei nun mal dieses Haus. Das hat aber nicht gefruchtet und die Stadt hat gesagt: ‚da hin'", sagt Jost Wörsdörfer und zeigt abwechselnd auf die beiden gegenüberliegenden Häuser Nummer 3 und Nummer 6 in der kurzen und engen Jesuitengasse.

Fest steht: Eines von beiden war es, denn die Gebäude sind noch immer die, die schon bei der Geburt von Johannes Müller dort gestanden haben. „Die Häuser sind noch immer original, ich habe mich extra erkundigt", sagt Jost Wörsdörfer.

Aber wer war denn überhaupt dieser Müller? Diesen Nachnamen gibt es doch wie Sand am Meer. Er muss wohl ein besonderer Müller gewesen sein, wenn ihm die Koblenzer sogar ein großes Denkmal auf dem Jesuitenplatz errichtet haben.

Johannes Müller war einer der „großen Söhne" der Stadt Koblenz, weiß Jost Wörsdörfer. Als passionierter „Freizeitmikroskopiker", wie er sich selbst bezeichnet, hat er sich seit der Schulzeit mit der Kunst des Mikroskopierens und mit ihrer Geschichte beschäftigt. „Irgendwann tauchte dann auch der Name Johannes Müller auf. Da habe ich mir überlegt, das könnte ja der Müller sein, dessen Geburtshaus in der Jesuitengasse steht." Und er war es! „Er ist damals als Gutachter für Mikroskope befragt worden und die Firmen haben dann damit Werbung gemacht, dass der Professor Müller aus Berlin ihre Instrumente für sehr gut befunden hat."

Doch das ist nicht der Grund, weshalb er auf seinem Gebiet zu Ruhm und Ehre gekommen ist. Johannes Müller war Physiologe und Forscher. Geboren wurde er am 14. Juli 1801. Er studierte Medizin in Bonn. 1821 erhielt er einen Preis der medizinischen Fakultät. Zwei Jahre später beendete er sein Studium mit dem medizinischen Staatsexamen und unterrichtete ab 1824 als Privatdozent für Anatomie und Physiologie in Bonn. In den kommenden Jahrzehnten sollte er bei seinen Forschungen zahl-

Rechts oder links, Nummer 3 oder 6? Jost Wörsdörfer weiß, in welchem der beiden Häuser in der Jesuitengasse Johannes Müller geboren ist.

reiche Entdeckungen machen. Er forschte an Mensch und Tier. „Er hat sich einen großen Namen gemacht mit dem Lehrbuch der Physiologie“, weiß Jost Wörsdörfer. „Irgendwann hat er sich dann etwas mehr von der Medizin ab- und der Biologie zugewandt. Er hat sich mit der Erforschung der Echinodermen, also der Stachelhäuter und anderen Meeresbewohnern beschäftigt und dabei hat er das Plankton entdeckt. Zu seiner Zeit hieß es aber noch nicht Plankton, sondern er gab seiner Entdeckung den Namen ‚Auftrieb‘.“

Alles in allem also ein Naturforscher, der in Koblenz das Licht der Welt erblickte. Aber in welchem der beiden Häuser ist er denn nun geboren? Nummer 3 oder Nummer 6? Jost Wörsdörfer klärt auf: „Vor 1937 gab es eine Tafel am Haus Nummer 6. Dieses hatte die Familie Müller kurz nach der Geburt von Johannes erworben und als Wohnhaus genutzt. Auf Drängen der Familie wurde es als Geburtshaus ausgewiesen. Diese Tafel ist aber verschwunden. Die Stadt Koblenz hat 1937 mit der Anbringung der Gedenkplakette den Fehler korrigiert. Das Haus mit der Nummer 3, an dem bis heute die Plakette hängt, das ist das echte Geburtshaus von Johannes Müller.“

Christl Eberlein

So geht's zur Gedenkplakette:

Die enge und kurze Jesuitengasse erreicht man vom Entenpfuhl oder vom Jesuitenplatz aus. Das Müller'sche Geburtshaus ist das Haus mit der Nummer 3.

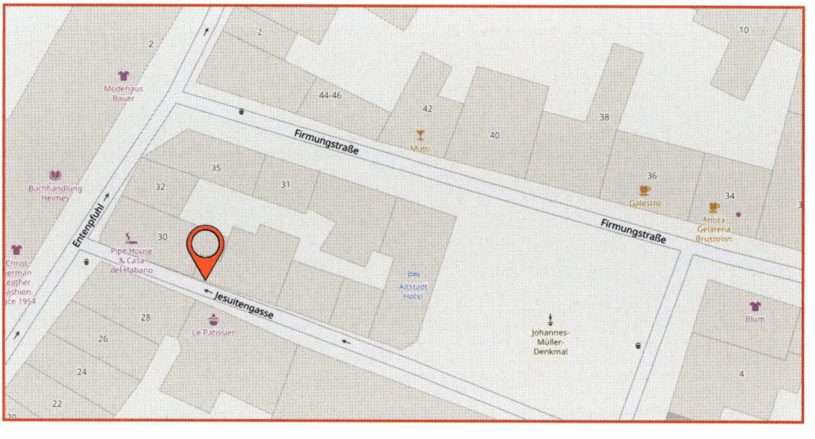

Matthias Kellermann blickt auf die leeren Plaketten, auf denen eigentlich drei Oberpräsidenten der Rheinprovinz hätten abgebildet sein sollen.

31 Medaillons

Drei fehlende Gesichter

Von 1822 bis 1945 war Koblenz die Hauptstadt der preußischen Rheinprovinz und damit in seinen Hochzeiten zuständig für ein Gebiet von Kleve bis Saarbrücken (nach dem Ersten Weltkrieg nur noch bis Trier), mit fünf Regierungsbezirken und knapp acht Millionen Einwohnern (Stand 1939). Geleitet wurde sie von einem Oberpräsidenten, der zunächst im Kurfürstlichen Schloss residierte, ab 1910 dann in einem barock anmutenden, imposanten Neubau direkt nebenan. Die beiden Seitenflügel sind spiegelbildlich – bis auf einen kleinen, aber feinen Unterschied. Denn während auf der dem Rhein zugewandten Seite vier Gesichter zwischen den Fenstern des ersten und zweiten Stocks zu sehen sind, ist auf der anderen Seite nur eines zu sehen, dafür aber drei leere medaillonartige Plaketten, die genau das nicht sein sollten.

Matthias Kellermann haben diese Lücken schon lange beschäftigt. „Ich habe mich immer gewundert, was es mit diesen leeren Flächen auf sich hat", erzählt der Lokalhistoriker. „Den meisten Menschen, mit denen ich gesprochen habe, ist das noch nie aufgefallen. Ich habe also ein bisschen recherchiert und herausgefunden, dass sie ursprünglich ebenfalls mit Halbreliefs versehen waren und zusammen mit den anderen die ersten acht Oberpräsidenten der Rheinprovinz abbildeten. Wie so viele Gebäude wurde aber auch dieses bei dem schweren Luftangriff im November 1944 schwer beschädigt.“ Eine Fliegerbombe zerstörte damals den Giebel über dem Eingangsportal, den Dachstuhl und einen Teil des Westflügels, der aber schon 1947 und damit für Koblenzer Verhältnisse sehr früh wieder instand gesetzt wurde. „Den Bauarbeitern ist das meisterlich gelungen“, betont Kellermann, „Sie können keinen Unterschied zwischen dem alten und dem neuen Teil sehen. Nur der zentrale Giebel und die drei Gesichter der Oberpräsidenten konnten nicht wiederhergestellt werden.“ Erhalten sind daher die Porträts von Karl Ludwig von Ingersleben (1816-1831), Philipp von Pestel (1831-1834), Ernst von Bodelschwingh Velmede (1834-1842), Eduard von Schaper (1842-1845) und Adolf von Pommer Esche (1858-1871). Es fehlen Franz August Eichmann (1845 - 1850), Rudolf von Auerswald (1850-1851) sowie Hans Hugo von Kleist-Retzow (1851-1858).

Nach der Wiederherstellung des Gebäudes tagte dort übrigens die erste rheinland-pfälzische Landesvertretung, bis diese 1950 nach Mainz umzog. Seit der Auflösung der Bezirksregierungen im Jahr 1999 übernimmt die Struktur- und Genehmigungsdirektion Nord (SGD) dort einen Teil der ehemaligen Aufgaben; unter anderem ist die für Umweltschutz, Fischereiwesen und Städtebau zuständig.

Thomas Kölsch

So geht's zu den Medaillons:

Wenn Sie vor dem Kurfürstlichen Schloss stehen, wenden Sie sich nach links. Am Ende des Parkplatzes wenden Sie sich nach rechts und kommen nach wenigen Metern zum Oberpräsidium.

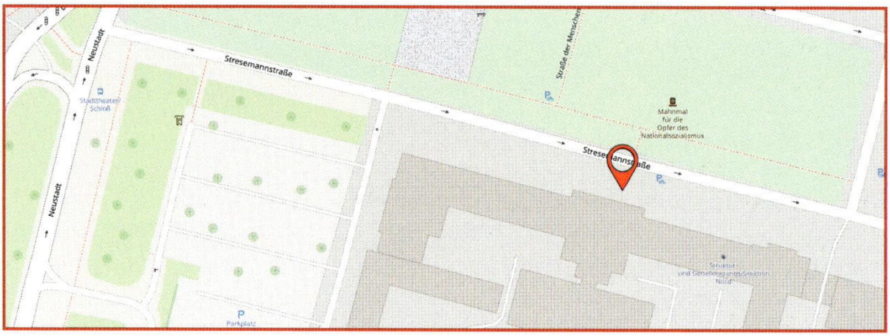

Der quadratische Bau mit dem spitzen Pyramidendach schmiegt sich hier an die Uferböschung. Stadtoberhaupt David Langner weiß, was es damit auf sich hat.

32 Station

Wahrschauer regelt Schiffsverkehr

Als der Oberbürgermeister von Koblenz ein kleiner Junge war, führte der Spaziergang ihn und seine Familie immer wieder an einem kleinen Haus am Rhein vorbei, das ihn absolut faszinierte: das Wahrschau-Häuschen. „Als Kind fand ich das immer spannend, für mich war das fast so wie ein Spielhaus“, erinnert sich David Langner. Was hinter dem kleinen Denkmal steckt, wusste er aber lange nicht.

Seine Eltern hingegen, die damals beide in der Bibliothek arbeiteten, wussten bestimmt, was es mit dem Wahrschau-Häuschen auf sich hatte: „Sie haben direkt recherchiert, wenn sie etwas nicht wussten“, erzählt der SPD-Politiker, der 1975 geboren wurde – erst recht, wenn es um ein Kulturgut in der eigenen Nachbarschaft ging. Denn: Familie Langner lebte in der Emser Straße in Pfaffendorf, also genau in der Straße, in der auch das Wahrschau-Häuschen steht.

Der quadratische Bau mit dem spitzen Pyramidendach schmiegt sich hier an die Uferböschung. Über den roten Backsteinen schließt sich ein Abschnitt aus Sichtfachwerk an. Zur Straße hin öffnet sich eine Tür, zu den drei Seiten Sprossenfenster, durch die man den Verkehr auf der Schifffahrtstraße beobachten konnte. Und hier sind wir auch beim eigentlichen Zweck des Wahrschau-Häuschens.

„Als Kind fand ich das immer spannend, für mich war das fast so wie ein Spielhaus."

Denn die kleine Signalstelle war von 1907 bis 1947 dafür da, den Schiffverkehr auf dem Rhein bei Koblenz zu regeln. Seit 1819 gab es nahe der Stelle, an der sich heute die Pfaffendorfer Brücke über den Rhein spannt, eine Schiffbrücke – und diese konnte ein Schiff nur dann passieren, wenn der Wahrschauer – Wahrschau stammt übrigens aus dem Niederdeutschen und bedeutet „Warnung" – ein entsprechendes Signal gab. Wenn sich ein Schiff näherte, griff dieser zum Telefon und gab die Information an die Mitarbeiter der Schiffbrücke weiter. „Die musste dann auseinandergebaut werden", erklärt Langner: Aus der Brücke, die quasi aus schwimmenden Einzelteilen bestand, wurden ein oder mehrere Elemente herausgenommen, sodass das Schiff passieren konnte. Fahrzeuge und Fußgänger mussten derweil am Ufer warten, bis die Brücke wieder komplett war und sie den Fluss überqueren konnten.

Ein aufwendiges Prozedere – aber in einer Zeit, in der es viel weniger Verkehr gab als heute, offenbar praktikabel. Im Zweiten Weltkrieg wurde die Brücke zerstört, danach aber noch zumindest kurzzeitig reaktiviert: erst mit einem amerikanischen Behelf und vom Sommer 1945 bis 1947 mit einer französischen Konstruktion. Dann wurde die Schiffbrücke abgebaut, und auch das Wahrschau-Häuschen wurde außer Dienst gestellt. Anfang 1946 begann bereits der Bau einer Behelfsbrücke über den Rhein, 1953 wurde die neue Pfaffendorfer Brücke schließlich fertigstellt.

Früher regelten diverse Wahrschaustationen die Schifffahrt auf dem Mittelrhein, auch an der Nordspitze der Insel Oberwerth gab es eine, erzählt Langner. Früher wurden von diesen tagsüber Flaggensignale gegeben, wenn ein Schiff kam, und in der Dämmerung Lichtsignale. Später griff man einfach zum Telefon, so wie das auch in dem Pfaffendorfer Häuschen gemacht wurde. Den Schiffen wurde aber weiterhin mit Flaggen- und wohl auch Lichtsignalen angezeigt, wann sie anhalten mussten und wann sie weiterfahren konnten.

Heute steht das Wahrschau-Häuschen als Denkmal am Rheinufer und wird vom Verschönerungsverein Pfaffendorf in Schuss gehalten. Und David Langner kommt immer noch regelmäßig an diesem vorbei: Der Oberbürgermeister wohnt wieder im Stadtteil Pfaffendorf, „und das Häuschen liegt morgens an einer meiner Joggingstrecken".

In der Regel morgens vor Dienstbeginn läuft der Stadtchef hier entlang, „nur wenn ich doch lieber abends joggen gehe, nehme ich eine andere Runde". Meistens aber läuft er auf der Emser Straße und dem Leinpfad, der sich hier direkt am Fluss entlangzieht, „das ist natürlich am schönsten". Und auf seinem Weg liegt dann auch das Wahrschau-Häuschen – genau wie früher.

Stephanie Mersmann

So geht's zu der Station:

Das Wahrschau-Häuschen steht im Koblenzer Stadtteil Pfaffendorf direkt am Rhein, und zwar an der Emser Straße gegenüber dem Haus Nummer 176.

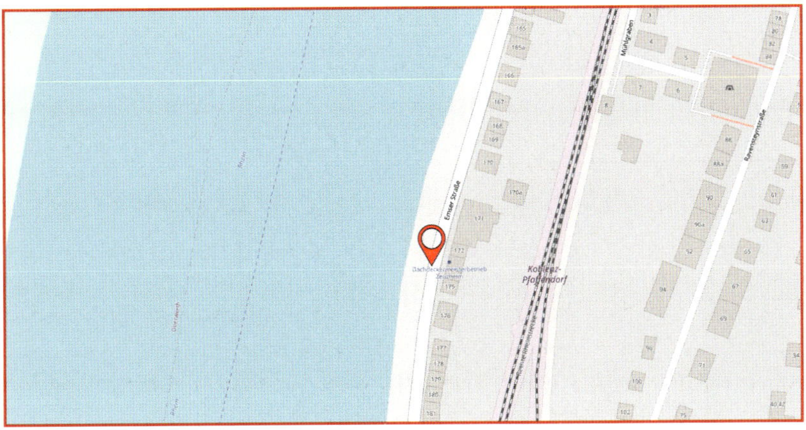

The Culture
of Total Beauty

Büste

Spuren bis nach Indien

Schnurgerade zieht sich die Mehlgasse zwischen der Liebfrauen- und der Florinskirche. Während sich in den Erdgeschossen der Häuser rechts und links einige Boutiquen, Friseursalons und Gaststätten befinden, deren Auslagen die Blicke der Passanten einfangen, bleibt eine Besonderheit an der Fassade des Hauses Nummer 8 von den meisten vermutlich unbemerkt. Schließlich muss man, um diese zu entdecken, den Kopf ein gutes Stück in den Nacken legen und den Blick auf die Höhe der zweiten Etage lenken. Dort ist in einer kleinen Nische die Büste einer jungen Frau zu entdecken – eine Ordensschwester, wie man beim genauen Betrachten rasch bemerkt. Doch wer ist sie und warum ziert ihr Abbild die Stirnseite dieses Hauses?

Die Antwort darauf weiß Schwester Hildegard, die uns mitnimmt ins Jahr 1835. Am 6. Juni wird im Hause Hoelscher am Jesuitenplatz in Koblenz Anna Maria geboren, erklärt die stellvertretende Generaloberin der „Schwestern vom Heiligen Geist" in Koblenz. „Der Vater ist Verlagsbuchhändler und zeitweise Vorsitzender des Handelsgerichts." Die Familie gehört also zum guten Bürgertum. Dass es zu dieser Zeit aber nicht nur wohlhabende Stadtbewohner, sondern sehr viele arme Leute gibt, weiß Anna Maria Hoelscher schon als kleines Mädchen. „Ihr Vater, an dem sie sehr hing, war selbst sozial aktiv und vermittelte seiner Tochter schon in jungen Jahren ein Verständnis für soziale Belange", berichtet Schwester Hildegard. Sie entwickelte schnell ein Gefühl für die Not der Menschen und war an sozialen Projekten beteiligt. Schließlich hatte sie die Idee, in den Orden der Franziskanerinnen einzutreten."

Doch es kam ein bisschen anders. Bestärkt in ihrem Vorhaben, einer geistlichen Gemeinschaft angehören zu wollen, trat Anna Maria keinem bereits bestehenden Orden bei, sondern gründete 1857 gemeinsam mit drei anderen wohlhabenden jungen Frauen und der Unterstützung des Koblenzer Pfarrers Phillipp de Lorenzi eine neue Ordensgemeinschaft. In einem Brief an Bischof Wilhelm Arnoldi von Trier vom April 1857 schreibt Pfarrer de Lorenzi: „Es haben schon seit geraumer

Schwester Hildegard steht vor dem Haus, in dem die Ordensgründerin und ihre Mitschwestern ihre erste Wirkungsstätte hatten. Auf Höhe des zweiten Stockwerkes ist bis heute die Büste der jungen Ordensschwester zu sehen.

Zeit mehrere treffliche Jungfrauen von hier den Gedanken gefasst, ihr nicht unbeträchtliches Vermögen und Einkommen zusammenzulegen und unter der Leitung eines mit dem Ordensleben vertrauten geistlichen Obern nach der Regel des heiligen Augustin ein gemeinsames Leben zu führen, um sich später mit Genehmigung der Bischöflichen Behörde als frömmliche Kongregation von Schul- und Krankenschwestern zu konstituieren.“

Die Genehmigung wurde erteilt und das offizielle Gründungsdatum des Ordens ist der 4. Juni 1857. Anna Maria Hoelscher, die dann Schwester Irmina hieß, wurde die erste Oberin der jungen Gemeinschaft. Deren Mitglieder waren besonders den Armen und Kranken verbunden und, wie in dem Brief geschrieben, überwiegend als Schul- und Krankenschwestern tätig. Seinen vollen Namen hatte der neue Orden bei seiner Gründung noch nicht. Aber die Schwestern hatten die besondere Verehrung des Heiligen Geistes ins Auge gefasst und wollten „seine Werkzeuge im Dienste der Liebe sein“, heißt es in der von Pater de Lorenzi zusammengestellten Satzung. Erst im Jahr 1859 erfolgte dann die Namensgebung „Schul- und Krankenschwestern zum Heiligen Geist“.

„Dieser Umstand und der ständige Kontakt mit den Kranken, um die sich die Schwestern kümmerten, führten wohl dazu, dass Schwester Irmina bereits drei Monate nach ihrer Einkleidung und der Übernahme ihres Amtes als Oberin verstarb.“

„Das Vermögen, das die vier Frauen bei der Ordensgründung zusammengelegt hatten, war bald durch ihre Tätigkeiten verbraucht und sie lebten in bitterer Armut“, erzählt Schwester Hildegard. Um ihren Zahlungsverpflichtungen nachkommen und ihren Lebensunterhalt bestreiten zu können, verrichteten die vier Frauen nach der täglichen Krankenpflege am Abend Arbeiten, wie Sticken und Nähen. „Dieser Umstand und der ständige Kontakt mit den Kranken, um die sich die Schwestern kümmerten, führten wohl dazu, dass Schwester Irmina bereits drei Monate nach ihrer Einkleidung und der Übernahme ihres Amtes als Oberin am 28. April 1858 verstarb. Sie wurde nur 22 Jahre alt.“

Doch das Werk von Schwester Irmina trägt bis heute Früchte, obwohl auch zwei weitere der jungen Gründerinnen verstarben und die Vierte die

Gemeinschaft wieder verließ. Die Zahl der Schwestern in der Gemeinschaft wuchs. Auch erweiterten sich die Aufgaben der Schwestern unter anderem um die Aufnahme verwahrloster und erziehungsbedürftiger Mädchen. 1880 zog das Mutterhaus in den damals neu erbauten Marienhof in der Moselweißer Straße, wo es sich bis heute befindet. Es gab bis zum Ausbruch des zweiten Weltkrieges 24 Filialgründungen. Nach 1945 wurden die Neueintritte zunächst weniger, bis schließlich zahlreiche Frauen in Indien der Gemeinschaft beitraten. „Seit 1974 wurden schon 31 Niederlassungen in Indien gegründet, die auch von indischen Schwestern geleitet werden. Die Entwicklung der Gemeinschaft dort ist von großer Dynamik und bereichert die Kongregation", sagt die stellvertretende Generaloberin. Und das alles begann in der Mehlgasse 8, denn dort hatten die vier Schwestern der Gründergeneration 1857 ihre erste, bescheidene Wohnung bezogen, um ihr Werk zu beginnen. Deshalb befindet sich dort, wo einst eine Marienfigur in der kleinen Nische an der Hausfront von Nummer 8 stand, die Büste der Frau, die als Anna Maria Hoelscher geboren wurde und 22 Jahre später als Schwester Irmina gestorben ist.

Christl Eberlein

So geht's zur Büste:

Von der Liebfrauenkirche in der Altstadt links in die Mehlgasse abbiegen. Die Büste befindet sich in einer Nische am Haus Nummer 8.

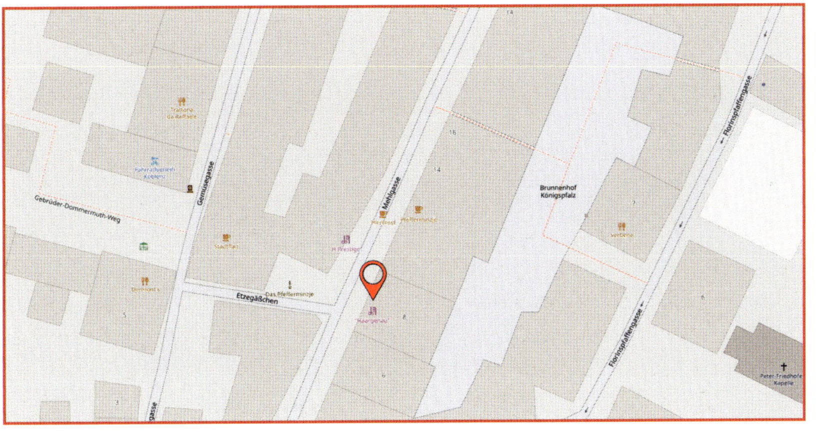

34

Steinsäule

Stadt und Wasser

Vielerorts in der Stadt findet man sie, unter anderem am Pegelhaus, an der Rheinuferpromenade, an der Unterführung Anlegestelle Fährboot in Ehrenbreitstein, am Bundesamt für Wehrtechnik und Beschaffung, an der Mauer der ehemaligen Deutschordensballei, in den Rheinanlagen und an vielen Privathäusern sowohl in der Kernstadt als auch in den Stadtteilen. Die Rede ist von Hochwassermarken und Markierungen von Wasserständen. „Die Stadt hat schon so viel Wasser gesehen“, sagt Michael Hörter, ehemaliger Stadtrat und heutiger Gästeführer in Koblenz. Kann vielleicht auch die Steinsäule unterhalb des Weindorfes am Rheinufer eine solche Anzeige sein? Die Inschriften darauf sind kaum noch zu erkennen. Mit viel gutem Willen lassen sich mehrere Einkerbungen entdecken, die wie Markierungen von Hochwasserständen aussehen könnten. Und auch ein Wort in altdeutscher Schrift geschrieben, könnte „Hochwasser“ heißen.

> „Die Stadt hat schon so viel Wasser gesehen.“

Ständige und verlässliche Aufzeichnungen über hohe Pegelstände in Koblenz gibt es zwar erst seit 1882, es hat jedoch vermutlich schon zuvor kein Jahrhundert gegeben, in dem die Stadt nicht von Wassermassen heimgesucht worden wäre. So zeigen es jedenfalls einige der Markierungen, wie sie an den oben genannten Stellen zu finden sind. Ein paar wenige Beispiele sollen hier genannt sein: Am 20.01.1651 stieg das Wasser des Rheins auf 9,91 Meter, am 29.02.1784 waren es 10,21 Meter und im Januar 1929 immerhin 9,21 Meter, ganz zu schweigen von den vielen, vielen Flussübertritten, die vielleicht keinen großen Schaden angerichtet, den Menschen aber doch teilweise mehr als nasse Füße gebracht haben.

Welche Auswirkungen das Hochwasser schon hatte, hat Helmut Kampmann in seinem Buch *Wenn Steine reden. Gedenkplatten und Erinnerungstafeln in Koblenz* zusammengefasst. Dort ist nachzulesen: „Bei einem Stand von fünf Metern liegt die Schiffsanlegestelle am Adenauer-Ufer unter Was-

Michael Hörter steht neben der Steinsäule, die erst im Laufe der Zeit zu einer Hochwasseranzeige wurde.

ser. Bei 6,90 Metern ist das Stadion Oberwerth überflutet, bei 7,30 Meter wird das Plateau am Deutschen Eck umspült, bei 7,40 Meter erreicht der Rhein den Sockel des Görresdenkmals, bei 7,50 Meter steht die Kastorkirche (innen) unter Wasser und bei 8,70 Meter ist der Platz vor Sankt Kastor überflutet. Bei 9,20 Meter wellt sich der Rhein im Innenhof des Weindorfes und bei 10,30 Meter ist in Höhe Königsbach die Bahnlinie überflutet."

All diese Szenarien hat es in Koblenz schon gegeben. Kramt man in der Vergangenheit der Stadt, dann tauchen alte Fotografien von Hochwasserständen und Überschwemmungskatastrophen auf, wie man sie wirklich nicht erleben möchte. Hochwasser haben auch in Koblenz schon viele Leben und Existenzen gekostet – die Bewohner sind davor nicht verschont geblieben. Überflutungen sind nun mal Naturereignisse. Diese Naturereignisse hat es schon immer gegeben. Und sie können jederzeit wiederkehren.

Eine Ursache für Hochwasser kann verstärkter Eisgang sein. Der Dichter Clemens Brentano (1778-1842), Enkel der Schriftstellerin Marie Sophie von La Roche (1730-1807), deren Geburtshaus in Ehrenbreitstein steht (siehe Geheimnis 12), machte den Eisgang im Jahr 1830 sogar zum Inhalt eines Liedes, welches das tragische Unglück einer Familie im heutigen Koblenzer Stadtteil Lay zum Anlass hatte, bei der das jüngste Kind ertrank. Es beschreibt die gewaltigen Eismassen, die sich im Fluss verkeilten und das Wasser der Mosel stauten, so dass es für Menschen, Tiere und Häuser kaum eine Hoffnung gab.

Heute gibt es ein umfangreiches Warnsystem. Die Wasserstände werden fortwährend beobachtet, gemessen, ausgewertet. Maßnahmen zum Schutz und zur Vorsorge gegen Hochwasser können jederzeit abgerufen werden. Zudem gibt es technische Bauwerke des Hochwasserschutzes an Rhein und Mosel sowie Vorsorgekonzepte. Dennoch gibt es keinen hundertprozentigen Schutz, wie das erschreckende Beispiel aus jüngster Zeit zeigt: das Jahrhundert-Hochwasser 2021 in Rheinland-Pfalz und Nordrhein-Westfalen. Alleine an der Ahr starben mindestens 135 Menschen. Insgesamt verloren mindestens 185 Menschen durch die Flut ihr Leben. Doch zumindest kann sich inzwischen jeder darüber informieren, ob eine potenzielle Heimstatt in einem Hochwassergefahrengebiet liegt, bevor er sich für einen Wohnort in Flussnähe entscheidet. Dazu können detaillierte Karten eingesehen werden. „Das gab es früher nicht. Die Bewohner wurden einfach vom Wasser überrascht. Natürlich wusste man, dass zu bestimmten Jahreszeiten eine höhere Gefahr bestand, zum Beispiel im Frühjahr bei der Eisschmelze. Aber wann genau und wie hoch das Wasser steigen würde, das war stets unsicher“, sagt der ehemalige Stadtrat. Welche Wassermassen bereits über die Ufer getreten sind, kann man sich, wenn man an schönen Tagen am Rande der beiden zumeist ruhig und friedlich dahinfließenden Flüssen spazieren geht, gar nicht mehr vorstellen.

Die Hochwassermarken in der Stadt sind letztlich nicht nur die Anzeigen dafür, wie hoch das Wasser zum jeweiligen Zeitpunkt der Markierung stand, sie sind auch Zeugen von teilweise dramatischen Schicksalen. Ist die Steinsäule unterhalb des Weindorfes nun auch ein solcher Zeuge?

„Ja und nein“, sagt Michael Hörter. „Die Säule hatte zunächst eine ganz andere Bedeutung. Sie wurde als bleibendes Monument für die Erbauer der Pfaffendorfer Brücke errichtet und sollte an diese erinnern. Sie hatte große Ähnlichkeit mit der Siegessäule in Berlin und wurde daher auch ‚Koblenzer Siegessäule‘ genannt. 1876 wurde das Denkmal jedoch durch ein verheerendes Hochwasser zerstört. Nur noch dieser Schaftrest ist von dem ursprünglichen Denkmal übrig geblieben. Und dieses wurde dann zur Hochwassersäule umfunktioniert und hier aufgestellt.“

Christl Eberlein

So geht's zur Steinsäule:

Die Steinsäule befindet sich unterhalb des Weindorfes, Julius-Wegeler-Straße, zwischen den Gebäuden und dem Rhein.

Ein kleines Stück Mauer ist von dem Gebäude stehen geblieben, in dem Luise Hensel als Krankenschwester tätig war. Hiltrud Rotthoff weiß, welche Steine zu dem ehemaligen Krankenhaus gehörten.

35 Mauerreste

Kloster und Krankenhaus

„Müde bin ich, geh' zur Ruh' […]", diese Zeile haben sicher schon viele einmal gehört, schließlich sind sie in viele Sprachen übersetzt worden und damit vielerorts auf der Welt bekannt. Aber was war das noch gleich? Ein Gedicht? Der Text eines Liedes? Fast! Es ist der Anfang eines Gebetes, das eine junge Frau im Jahr 1816 aufgeschrieben hat. Erst später wurde eine Melodie hinzugefügt und das dadurch entstandene Lied findet sich bis heute in kirchlichen

Gesangsbüchern. In voller Länge lautet die erste Strophe so: Müde bin ich, geh' zur Ruh',/schließe beide Äuglein zu./ Vater, laß die Augen dein/über meinem Bette sein.

Geschrieben wurde das Gebet von Luise Hensel, geboren am 30. März 1798 in Linum als Tochter eines Pfarrers, gestorben am 18. Dezember 1876 in Paderborn. Das vierstrophige Gebet verfasste sie in Berlin. Doch was verbindet denn diese Luise Hensel mit Koblenz? Wann und wieso ist sie in der Stadt an Rhein und Mosel gewesen? Diese Frage kann Hiltrud Rotthoff beantworten. Die Koblenzerin ist an der Geschichte ihrer Heimatstadt sehr interessiert und hat über die Koblenzer Historie nachgeforscht. Dabei richtet sie ihren Blick vor allem auf die Geschichten von starken Frauen, die in Koblenz gelebt und gewirkt haben. „Luise Hensel war nicht nur eine Dichterin, sie war auch Krankenschwester. Sie ist eine von fünf Frauen, die sich, ohne einem Orden anzugehören, im Koblenzer Bürgerhospital um die Kranken gekümmert haben", berichtet Hiltrud Rotthoff. Vom einstigen Bürgerhospital ist seit dem Zweiten Weltkrieg nicht mehr stehengeblieben als ein Stück Mauer. „Dadurch, dass die Mauer hier an einem Privatgrundstück steht, das durch ein Tor von der Straße getrennt ist, fällt die Mauer eigentlich gar nicht auf, obwohl man sie gut sehen kann. Man muss wissen, dass hier einmal ein Franziskanerkloster und das spätere Bürgerhospital standen. Auch die Gedenktafel, die zum 100. Geburtstag von Luise Hensel einmal angebracht wurde, ist seit den Bombenangriffen auf Koblenz verschwunden", sagt die Koblenzerin.

„Sie ist eine von fünf Frauen, die sich, ohne einem Ordnen anzugehören, im Koblenzer Bürgerhospital um die Kranken gekümmert haben."

Begonnen hatte die Geschichte des Koblenzer Bürgerhospitals bereits über 100 Jahre zuvor, als 1804 der französische Kaiser Napoleon Bonaparte (1769-1821) das ehemalige Franziskanerkloster in der Kastorstraße in ein Krankenhaus umwandeln ließ. Dort sollten Kranke und Versehrte der französischen Armee versorgt werden. Nach dem Abzug der Franzosen aus dem Rheinland setzte sich Hermann-Josef Dietz (1782-1862), damaliges Mitglied des Stadtrates und Mitinhaber einer Blechwarenfabrik, dafür ein, aus dem Gebäude ein Hospital für die Koblenzer Bürger zu machen. Auch für andere karitative Einrichtungen und Hilfsaktionen setzte sich Dietz mit ganzer Kraft ein, weshalb er in Koblenz den Beinamen „Schutzgeist“ der Armen und Kranken erhielt. Viele Jahrzehnte lang war das Bürgerhospital eine wichtige Einrichtung der Krankenpflege für die Stadt. Nach der Verlegung des Krankenhauses nach Moselweiß im Jahr 1923 nutzte man die Räumlichkeiten des Bürgerkrankenhauses als Altenheim weiter. In der Nacht des 6. November 1944 wurde das ehemalige Klostergebäude vollkommen zerstört und für jegliche Nutzung unbrauchbar. In jener Nacht verschwand auch die Gedenktafel an Luise Hensel, die sechs Monate lang im Jahr 1825 als Helferin in Zivil im Koblenzer Bürgerhospital wirkte.

Christl Eberlein

So geht's zu den Mauerresten:

Die Mauerreste des ehemaligen Bürgerhospitals findet man auf der Rückseite des Hauses Eltzerhofstraße 14.

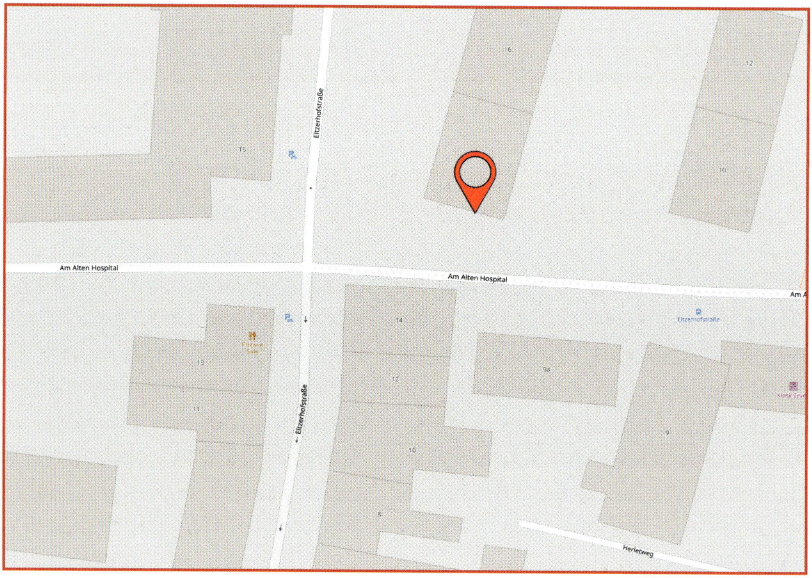

Ferdinand Müller auf dem Balkon vom „Armen Josef".

36

Armer Josef

Ein Haus mit langer Geschichte

Es gab eine Zeit, da kannte jeder in Koblenz den Armen Josef. Die Gaststätte am Altenhof war vor allem in den 1960er- und 70er-Jahren ein Treffpunkt für jedermann, vom Straßenkehrer bis zum Staatsanwalt – heute erinnert nur noch der große Schriftzug an der Fassade daran. Die Geschichte dieses Hauses geht allerdings noch viel weiter zurück.

Das genaue Alter des Gebäudes lässt sich nicht mit Sicherheit bestimmen. „Frühere Besitzer haben über Jahre und Jahrhunderte hinweg immer wieder umgebaut und dabei unter anderem Elemente wie zum Beispiel Werksteine in den Gewänden der Fenster zweitverwertet", erklärt Ferdinand Müller, dessen Familie mit dem Gemäuer seit inzwischen 100 Jahren verbunden ist. „Nachweisbar ist, dass das Kernhaus im Mittelalter Teil der Stadtbefestigung war, wie verschiedene Mauerreste zeigen.“ Er deutet mit der Hand auf die Rückwand eines Schuppens, der mit allerlei Werkzeug und alten Pflastersteinen gefüllt ist. Die römische Steinmauer ist dort deutlich zu sehen. „Es gibt sogar Experten, die dieses Haus als fränkischen Königshof handeln.“ Zumindest behauptete schon 1815 Pfarrer Wilhelm Arnold Günther, dass die Straße Altenhof einst der Weg zu jenem „Pallast“ gewesen sei, in dem Childebert II. (570-596) im Jahr 585 eine Gesandtschaft seines Onkels Guntram von Orleans (532-592) empfing. Der Trierer Professor Wolfgang Schmid verortet diesen dagegen auf dem Areal der Alten Burg in unmittelbarer Nähe zur Mosel; andere Historiker gehen vom heutigen Vorplatz der Liebfrauenkirche als Standort des Königshofes aus. Eine endgültige Klärung steht noch aus. Unstrittig ist hingegen, dass das Haus des Armen Josef zu den ältesten Gebäuden der Stadt gehört. Müller mutmaßt sogar, dass es im 12. Jahrhundert als erstes Rathaus der Stadt fungierte. „Historiker sind sich relativ sicher, dass dieses sich im Bereich des Altenhofs befunden haben muss, und da kommt eigentlich nur dieses Haus in Frage“, sagt er. „Alle anderen Gebäude in dieser Straße sind meines Wissens jüngeren Datums.“

Und was hat es nun mit dem „Armen Josef“ auf sich? „Das bezieht sich auf meinen Großvater Josef Breuer, der das Haus 1922 kaufte“, führt Ferdinand Müller lachend aus. „Er hat sich gerne selbst so bezeichnet und wurde damit sowie mit seinen schelmischen Witzen, seinen Klagen über die schlechten Zeiten und seinem chronischen Geldmangel zu einem Koblenzer Original. Ich erinnere mich noch, dass Arbeiter in den 1950er-Jahren vor unserem Haus die Straße aufgerissen haben, um Gasleitungen zu reparieren, aber wenn jemand sie fragte, was sie da tun würden, haben sie immer geantwortet, dass der Arme Josef 50 Pfennig verloren habe und sie ihm bei der Suche helfen würden.“

Breuer war als Metzger tätig und kaufte das Haus Altenhof 11 inmitten

> *„Mein Großvater hat sich selbst so bezeichnet und wurde damit sowie mit seinen schelmischen Witzen, seinen Klagen über die schlechten Zeiten und seinem chronischen Geldmangel zu einem Koblenzer Original.“*

der Deutschen Inflation (1914-1923) eher aus Verlegenheit, bevor das Geld gar nichts mehr wert war. Er richtete dort eine Gaststätte ein, in der vor allem traditionelle Speisen wie Spießbraten oder Debbekoche (ein Kartoffelauflauf mit Zwiebeln und Speck oder Mettwurst) serviert wurden. Später übernahm Breuers Tochter Elisabeth Müller („dat Breuersch Els“) das Lokal, es folgten weitere Gastronomen. „Am Schluss war ein indisches Restaurant hier drin, bis ich das Haus übernommen habe“, so Müller. Seitdem setzt er die Arbeit seiner Mutter fort, renoviert und saniert das Gebäude. „Es ist zwar ein Groschengrab, aber ich wurde nun einmal hier geboren. Da macht man so einiges mit. Andererseits, wenn ich vorher gewusst hätte, was sich hinter den Wänden alles verbirgt und mit welchen teils abenteuerlichen Methoden hier gebaut wurde, hätte ich mich wahrscheinlich anders entschieden.“ So habe man beim Rückbau eines Gebäudeteils bemerkt, dass die Südwestfassade auf der rechten Seite nur noch von einem Balken mit minimaler Auflage getragen wurde. „Wir haben das natürlich umgehend von einem Statiker sichern lassen“, sagt Müller. „Aber wer weiß, was wir noch finden werden. Bei so einem alten Haus ist nun einmal vieles möglich.“

Thomas Kölsch

So geht's zum Armen Josef:

Der Altenhof Hausnummer 11 befindet sich an der Ecke zum Münzplatz.

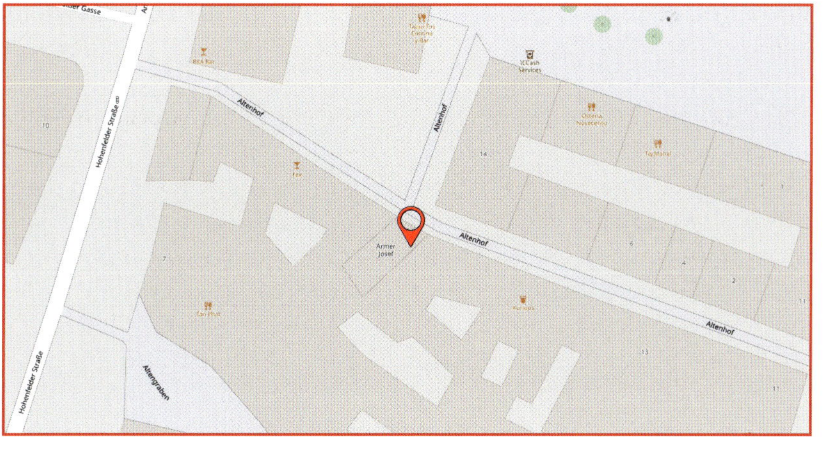

37

Stein

Blutige Geschichte

An der Hauswand eines Gebäudes bei der Liebfrauenkirche, Ecke Mehlgasse und Marktstraße, liegt ein Stein. Er ist eher klein und eigentlich völlig unscheinbar. Wenn die Servicekräfte des gastronomischen Betriebes, der sich heute in dem Haus befindet, im Sommer ihren Blumenkübel neben dem Stein aufstellen, dann findet er zwar Beachtung, ist aber seiner wahren Bestimmung gänzlich beraubt. Und dabei soll er doch an ein blutiges Ereignis von 1347 erinnern. Für lange Zeit war der Stein, beziehungsweise sein Vorgänger, Station einer jährlichen Prozession. Der Trierer Erzbischof Balduin von Luxemburg (1285-1354) und der Koblenzer Stadtrat hatten diese Prozession ab 1348 ins Leben gerufen. Sie begann an jener Stelle, an der besagter Stein zu finden ist und führte von Gotteshaus zu Gotteshaus: zunächst zur Dominikanerkirche in der Weißergasse anschließend zur Florinskirche, von dort zur Franziskaner- und über die Deutschordens- und Kastorkirche zur Jesuitenkirche und zum Abschluss zurück zum Ausgangspunkt.

Der ursprüngliche „Grenzauer Stein", wie das Überbleibsel der Prozession heißt, war wohl rund einen Meter hoch, mit einem Durchmesser von etwa 50 Zentimetern. In seiner Mitte soll eine Vertiefung gewesen sein, die die Kinder früher zum Murmelspielen genutzt haben. „Bis um das Jahr 1800 haben diese Prozessionen stattgefunden, bis etwa 1865 hat der historische Stein hier gelegen", erzählt Berthold Weiß. Der ehemalige Leiter der Stadtkasse von Koblenz hat eine Vorliebe für Geschichte, schon in der Schule war das sein Lieblingsfach und er ist natürlich auch über die Historie der Altstadt und die Ereignisse, die sich um den Stein ergaben, im Bilde.

„Bis um das Jahr 1800 haben diese Prozessionen stattgefunden, bis etwa 1865 hat der historische Stein hier gelegen."

Doch wie kam der Grenzauer Stein zu seinem Namen? Die Geschichte dahinter ist blutig und reicht bis ins Mittelalter zurück. Grenzau ist ein

Berthold Weiß kennt die Hintergründe des Grenzauer Steins und die Ereignisse der blutigen Fehde, an die er erinnern soll.

Ortsteil der kleinen Gemeinde Höhr-Grenzhausen im Westerwald. Seinen Namen hat das Örtchen von der gleichnamigen Burg, die Anfang des 13. Jahrhunderts erbaut wurde. Um jene Burg und ihre Besitzverhältnisse war gut 100

Fast unscheinbar liegt der Stein an der Hauswand des Gebäudes Ecke Mehlgasse und Marktstraße.

Jahre nach ihrer Entstehung, in der Mitte des 14. Jahrhunderts, ein Streit entbrannt. Die deutschen Kurfürsten hatten 1346 mit Karl IV. (1316-1378) einen Gegenkönig zu Ludwig IV. (1282-1347) gewählt. Einer derer, die Ludwig IV. unterstützten, war Reinhard von Westerburg.

Auf der Seite Karls IV. stand unter anderem der Kurfürst und Trierer Erzbischof Balduin (um 1285-1354), der ganz nebenbei Karls Großonkel war. Erzbischof Balduin war 46 Jahre lang ein nicht unbedeutender Fürst. Er hatte 1307 das Kurfürstentum Trier übernommen, dessen Position er im Laufe seines Wirkens deutlich stärkte. Der Stadt Koblenz schenkte er während seiner Amtszeit stets seine besondere Aufmerksamkeit, hielt sich oft in der Stadt an Rhein und Mosel auf und verhalf ihr durch besondere Ereignisse, wie dem großen Fürstentag 1338, zu Ansehen.

Der Bau der „Balduinbrücke“, eine steinerne Brücke aus ursprünglich 14 Bögen über die Mosel, wurde auf seinen Befehl hin begonnen. Sie steht, der modernen Moselschifffahrt angepasst, bis heute, ist die älteste Brücke der Stadt und die drittälteste Steinbrücke Deutschlands. Auf einem über einen Meter hohen Sockel steht seit 1975 die drei Meter hohe, in Stein gemeißelte, stilisierte Gestalt des Erzbischofs Balduin und blickt moselaufwärts. „Die Koblenzer fühlten sich dem Kurfürsten zum Dank verpflichtet und mischten sich in die Streitigkeiten um die Burg Grenzau im Westerwald ein“, hat Berthold Weiß recherchiert. Die ursprünglich kurtrierer Burg Grenzau war von Reinhard von Westerburg erobert worden. „Die Koblenzer wollten sie für Balduin zurückgewinnen. Das war keine gute Idee, denn die Koblenzer haben sich dabei eine ganz schöne Blamage eingefangen“, weiß Berthold Weiß.

Mit dem Ziel, Reinhold von Westerburg aus der Grenzauer Burg zu vertreiben, machte sich am 20. April 1347 eine rund 800 Mann starke Koblenzer Bürgerwehr auf den Weg. Grenzau im Westerwald war etwa einen halben Tagesmarsch entfernt auf der anderen Seite des Rheins. Dort angekommen, geschah das für die Koblenzer tragische Unglück. In einen Hinterhalt geraten, verloren 172 junge Koblenzer bei der Auseinandersetzung mit den Truppen des Ritters Reinhard von Westerburg und dessen Verbündeten, dem Grenzauer Grafen Philip, ihr Leben. Tot, für nix und wieder nix, denn die Burg hatten sie nicht zurückerobert.

Für die 172 Männer, die bei der „Grenzauer Fehde" im Westerwald gefallen waren, wurde von nun an bis zur Säkularisierung durch die Franzosen 1794 jährlich am Freitag nach Ostern eine Prozession und Gedenkgottesdienste in den sieben Hauptkirchen von Koblenzer abgehalten. Der Grenzauer Stein diente dabei als Podest, von dem aus ein Koblenzer Bürger die Geschichte der Fehde erzählte.

Christl Eberlein

So geht's zum Stein:

Der Gedenkstein liegt neben dem Eingang des Hauses An der Liebfrauenkirche Nummer 19.

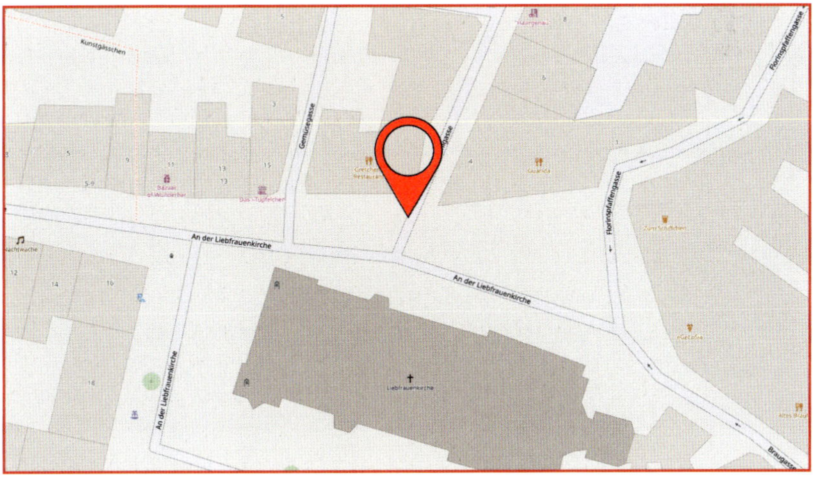

15. JUNI
1888 – 1913

38

Basaltblock

Schlichte Ehrung für den Kaiser

Schön ist er ja nun nicht gerade, der roh zugeschlagene Basaltblock, der auf dem Händelplatz im Koblenzer Stadtteil Oberwerth zu finden ist. Aber groß ist er. Und er trägt eine Inschrift: „15. Juni 1888 – 1913“ steht darauf. Die Bewohner der Häuser um den Platz herum sehen ihn zwar jeden Tag, aber ob sie wohl wissen, was die Zahlen darauf bedeuten? „Historisch gesehen ist der 15. Juni 1888 für das damalige Deutsche Kaiserreich nicht unerheblich“, weiß der frühere Koblenzer Stadtrat und heutige Gästeführer Michael Hörter, denn an diesem Tag starb Kaiser Friedrich III. (1831-1888). „Seine Regierungszeit hatte nur 99 Tage gedauert. Er erlag kurz nach seiner Ernennung zum deutschen Kaiser einer Krebserkrankung des Kehlkopfes. Ihm auf den Thron folgte sein Sohn Wilhelm.“

> „Seine Regierungszeit hatte nur 99 Tage gedauert. Er erlag kurz nach seiner Ernennung zum deutschen Kaiser einer Krebserkrankung des Kehlkopfes.“

Kaiser Wilhelm II. (1859-1941) also. Aber halt, da gab es doch schon einen Kaiser Wilhelm, Wilhelm I. Das ist der Mann auf dem Pferd der großen Reiterfigur am Zusammenfluss von Rhein und Mosel, jener Landspitze, die immer wieder fälschlich als „Deutsches Eck“ (siehe Geheimnis 26) be-zeichnet wird. Er war der Opa von Wilhelm II. und ist auch 1888 gestorben. Zwei Kaiser in einem Jahr?

„Das Jahr 1888 ist ja das ‚Dreikaiserjahr‘, eine spannende Zeit. Kaiser Wilhelm I. lebte von 1797 bis zum 9. März 1888. Kaiser Friedrich III., der eben nur 99 Tage Kaiser war, starb am 15. Juni 1888 und Wilhelm II. wurde am 15. Juni 1888 zum Kaiser gekrönt. Drei Kaiser in einem Jahr!“

Wilhelm I. ist den Koblenzern als eben jene überdimensionale Reiterfigur geblieben, die Sehenswürdigkeit schlechthin in der Koblenzer Altstadt. Sie wurde neun Jahre nach seinem Tod eingeweiht und stand bis zum Ende des Zweiten Welt-

Michael Hörter kann die Zahlen auf dem großen Basaltblock deuten und weiß, an welchen Kaiser aus dem Dreikaiserjahr er erinnern soll.

krieges 1945 fest auf ihrem Fundament. Durch eine amerikanische Artilleriegranate wurde das Reiterstandbild allerdings schwer beschädigt. Das Pferd samt Reiter war nach rechts gekippt und hing am berühmt-berüchtigten „seidenen Faden" vom Sockel herunter. „Eine Schenkung des Koblenzer Ehepaares Dr. Werner und Anneliese Theisen machte einen Wiederaufbau der Figur möglich. Der Rechtsanwalt und Zeitungsverleger hatte gemeinsam mit seiner Frau verfügt, dass die neu aufgebaute Figur Wilhelms I. zum 30. Hochzeitstag des Paares 1987 als Geschenk an die Stadt und ihre Bürger gehen sollte. Kein leichtes Vorhaben, denn der damalige Ministerpräsident Bernhard Vogel, Jahrgang 1932, lehnte die Schenkung ab. War doch der mittlerweile leere Denkmalsockel von Bundespräsident Theodor Heuss 1953 zum Mahnmal der Deutschen Einheit bestimmt worden", so Hörter. Es sollte tatsächlich rund sechs Jahre dauern, bis Wilhelm I., im neuen Gewand aus Bronze, wieder fest im Sattel sitzen durfte. Glück gehabt, denn sonst wäre es ganz schön leer an der Landspitze zwischen Rhein und Mosel; zum einen, weil der Wilhelm dann nicht mehr dort stünde, zum anderen, weil es vermutlich auch nicht die unzähligen Touristenströme aus aller Welt, die jährlich das Reiterdenkmal besichtigen, an diesen Ort ziehen würde.

„Der Rechtsanwalt und Zeitungsverleger hatte gemeinsam mit seiner Frau verfügt, dass die neu aufgebaute Figur Wilhelms I. zum 30. Hochzeitstag des Paares 1987 als Geschenk an die Stadt und ihre Bürger gehen sollte."

Welchem Kaiser ist denn aber nun der rund 2,8 Meter hohe Basaltblock, der wie ein monumentaler Grabstein anmutet, zugeschrieben? Kaiser Friedrich III.? Oder doch dem anderen Wilhelm, dem Enkel des „Reiters"?

Ein etwas genauerer Blick auf das Leben dieses zweiten Wilhelms könnte hilfreich sein, um die Frage zu klären. Schließlich ist er der einzige der drei Kaiser, der das Jahr 1913, das auf dem Stein steht, überhaupt erlebt hat. Der kleine Wilhelm wurde am 27. Januar 1859 als Kind von Kronprinz Friedrich Wilhelm von Preußen (später Kaiser Friedrich III.) und seiner Frau Viktoria (1840 -1901) geboren. Bei seiner Geburt erlitt der Bub eine schwere Verletzung, so dass er Zeit seines Lebens den linken Arm nicht bewegen konnte. Abstruse Versuche, wie das

Baden des Armes in frischen Kaninchenkadavern, um diesen beweglich zu machen, blieben – wer wundert sich? – erfolglos. Zwischen 1874 und 1877 besuchte Wilhelm das Lyceum Fridericianum (das heutige Friedrichsgymnasium) in Kassel, wo er das Abitur erlangte. Danach leistete er seinen Militärdienst und begann das Studium der Rechts- und Staatswissenschaften in Bonn. Im Frühjahr 1881 heiratete Prinz Wilhelm von Preußen Auguste Viktoria Friederike Luise Feodora Jenny von Schleswig-Holstein-Sonderburg-Augustenburg (1858-1921). 29 Jahre alt war Wilhelm, als er am 15. Juni 1888 der neue deutsche Kaiser wurde.

Da ist es wieder, das erste Datum auf dem Basaltblock. Es handelt sich also um das Datum der Thronbesteigung von Kaiser Wilhelm II. Bleibt die Frage nach der zweiten Jahresangabe, 1913. Mit und ohne Taschenrechner kommt man auf 25 Jahre, die zwischen 1888 und 1913 liegen. Und was bedeutet das nun? Michael Hörter antwortet: „Kaiser Wilhelm II. feierte im Jahr 1913 sein 25. und damit silbernes Regierungsjubiläum.“ Das ist das also das Geheimnis der Daten auf dem Basaltblock auf dem Händelplatz in Oberwerth.

Christl Eberlein

So geht's zum Basaltblock:

Der Basaltblock steht auf dem Händelplatz im Koblenzer Stadtteil Oberwerth.

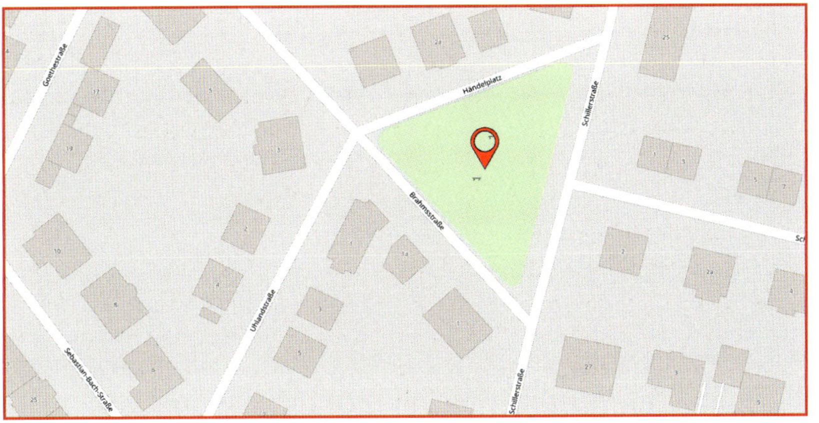

39

Wandgemälde

Das ist Kunst, das darf nicht weg!

In der Koblenzer Altstadt gibt es mehrere Malereien an Wänden und Toren, die weit entfernt sind von irgendwelchen „Schmierereien". Es sind Kunstwerke, wunderschöne Gemälde, die zu Beginn des 21. Jahrhunderts entstanden und bis heute erhalten sind. Blumen, Tiere, alltägliche Gegenstände, aber auch verträumte Gässchen und Plätze sind darauf zu sehen. Sie alle wurden von einer Künstlerin gemalt, die nun langsam aus dem Gedächtnis der Koblenzer verschwindet. Nicht aber aus der Erinnerung von Marlis Weiß. „Ach Gott, das Lottchen! Das Lottchen war immer dabei", beginnt die Gästeführerin die Geschichte über die Altstadt-Malereien und deren Erschafferin. Marlis Weiß war von 1992 bis 2009 Assistentin des Oberbürgermeisters und kann sich nur zu gut an die Begegnungen mit Lotte Meurer erinnern. „Ich weiß nicht, woher sie das immer wusste, wenn es im Rathaus zum Beispiel einen Empfang gab – auch wenn sie gar nicht eingeladen war – sie war da."

„Die Figur zeigt Hildegard von Schwaben, die dritte Ehefrau Karls des Großen."

Sicher hängt noch in manch einer guten Stube eines der Werke der Koblenzer Künstlerin, die bis zu ihrem Tod 2004 ein Atelier in der Altstadt hatte. Schließlich malte sie nicht nur auf Hauswände und Garagentore, auch auf Leinwand oder Papier hat sie ihre Motive gebracht. Und die stammen nicht selten – man ahnt es kaum – aus der Koblenzer Altstadt. Kleine Gassen, die Kirchen und historischen Gebäude und natürlich die beiden Flüsse dienten ihr als Vorlage. Aber auch Blumenstillleben und Porträts sind durch ihren Pinselstrich entstanden. Und immer wieder hat Lotte Meurer Clowns gemalt. Ernst sind die meisten der bunten Gesichter, denen der Spaß und die Freude doch eigentlich anzusehen sein sollten. In einem Interview mit dem Journalisten Gerd Neuwied sagte Lotte Meurer dazu: „In jedem Menschen steckt ein Stück des Clowns. Ob sie damit auch den Ernst gemeint hat, den ihre Clowns verkörpern? „„Meine Arbeit ist für mich Verpflichtung. Sie ist der Motor, aus

Marlis Weiß setzt sich für die Erhaltung der Gemälde von Künstlerin Lotte Meurer ein, die an mehreren Stellen in der Koblenzer Altstadt zu finden sind.

dem mir die Kraft künstlerischen Gestaltens wächst'", liest Marlis Weiß das Zitat aus einem Artikel in der *Rhein-Zeitung* von 1982 vor. Diese Arbeit begann für Lotte Meurer mit 18 Jahren, als sie den Beruf der Keramikerin erlernte. Ihre Begeisterung für die Kunst hatte sie allerdings schon in Kindertagen entwickelt. In ihrer Familie gab es bereits Maler und auch Musiker. Das kreative Schaffen wurde ihr daher vermutlich schon in die Wiege gelegt. Aquarelle, Pastell- und Ölbilder lagen ihr ebenso, wie das Formen des Tons. Ihre Werke verkaufte sie in der eigenen Galerie. Die befand sich zunächst in der Jesuitengasse. Wenige Jahre später tauschte sie diese Räumlichkeiten gegen ein Geschäft in der Firmungsstraße, wo sie den gesamten Raum zu einem Kunstwerk machte.

Doch obwohl sie mit ihrer Heimatstadt Koblenz eng verbunden war, zog es sie eine Zeit lang in die Welt hinaus. Rund 30 Länder hat sie im Laufe ihres Lebens bereist und dort Eindrücke gesammelt. Auf ihre Werke wirkten unter anderem Italien und Paris deutlich ein. So auch bei dem Wandgemälde im Durchgang des Gebrüder-Dommermuth-Weges zur Gemüsegasse. Dort kommt der Betrachter beidseitig in den Genuss der Darstellung eines kleinen Gässchens, wie man es von romantischen Darstellungen unter anderem aus Südfrankreich kennt. Eine Gässchen-Romantik mit schönen Straßenlaternen, kleinen Tischen und Stühlen, wie in einem Pariser Straßencafé, eine reiche Pflanzenpracht in pastelligen Farben mit Blumenkübeln und Zypressen und verschnörkelten Hausfassaden, wie sie in kleinen Städtchen im Elsass zu finden sind. „Sie wollte ihre Stadt verschönern, hat sie immer gesagt", erinnert sich Marlis Weiß und sie ist der Meinung, das ist ihr auch gelungen. „Die Bilder müssen auf jeden Fall erhalten bleiben", findet die Gästeführerin, denn an manchen Stellen haben bereits der Zahn der Zeit und die Achtlosigkeit von Passanten genagt. Auch am Gemälde im Gebrüder-Dommermuth Weg ist das nicht zu übersehen. Ebenso bei einem Bild an einer anderen Stelle. Eine Wand in der Gemüsegasse wird von einem Lotte-Meurer-Werk geziert. Es weist zwar eine ganz andere Stilistik auf, ist aber von derselben Künstlerin geschaffen worden. Eine Art Künstleratelier hat sie dort gemalt, wo auch ihr letztes Atelier gewesen ist. Unter dem scheinbaren Einfluss von Marc Chagall und Wassily Kandinsky zeigt das Gemälde Pinsel, Farbtöpfe, Farbpaletten und Flaschen. Auch zwei Katzen und vielleicht die Künstlerin selbst sind zu sehen. Um die Ecke herum am selben Gebäude ist ein weiteres Kunstwerk von Lotte Meurer angebracht. Es zeigt erneut einen ganz anderen Stil in Form von Blüten, Vögeln und Insekten, die in pastelligen Farben auf ein dunkelgrünes Tor gemalt sind. „Diese schönen Gemälde der Koblenzer Künstlerin Lotte Meurer dürfen nicht verloren gehen“, betont Marlis Weiß erneut.

„Bei der Farbe Grün fällt mir gerade noch etwas anderes ein: der Alligator. Der Alligator war auch immer dabei, solange ich das Lottchen kannte. Ich weiß nicht einmal seinen richtigen Namen. Wir haben ihn immer nur Alligator genannt, den Mann, der mit Lotte Meurer zusammen war. Ob die beiden verheiratet waren, das ich weiß ich auch nicht. Auf jeden Fall war der Alligator ihr ‚Hosbes‘. Was das ist? Also: Ein ‚Hosbes‘ ist in Koblenzer Mundart einer, der hinter dir oder neben dir läuft, und manchmal haste den Hosbes auch geheiratet“, sagt Marlis Weiß und lacht dabei. Und warum hieß dieser „Hosbes“ Alligator? „Der Alligator hatte immer, wirklich immer eine grüne Zipfelmütze auf. Und der Zipfel von der Mütze war so lang, der ging bis zum ‚Bobbes‘. Beim Laufen ist der Zipfel dann immer so vor und zurück gebaumelt, dass er eben wie das Maul eines Alligators aussah; deshalb ‚der Alligator‘.“

Christl Eberlein

So geht's zum Wandgemälde:

Alle drei Bilder befinden sich zwischen Gemüsegasse und Gebrüder-Dommermuth Weg.

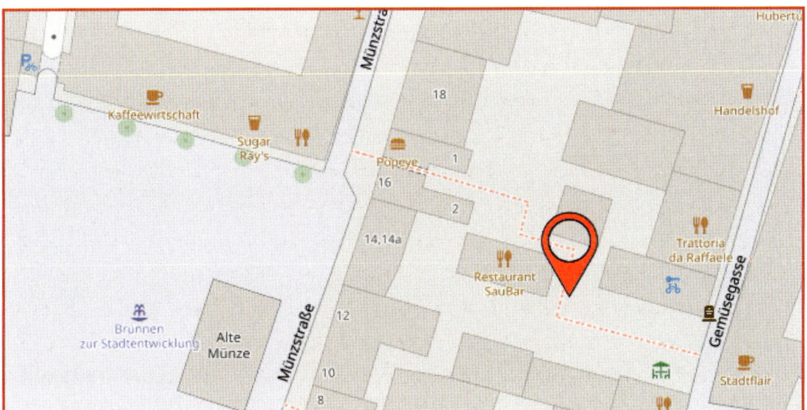

SPÖNEMAN

40

Gedenktafel

Dichter und Denker

Betrachtet man die Liste derer, die im Laufe der Jahrhunderte aus Koblenz kamen oder die Stadt zu Lebzeiten besucht haben, so stößt man recht oft auf jene, die von Rang und Namen waren – und auch bis heute eine Berühmtheit darstellen. Die „High Society“ und die „A-Prominenz“ der jeweiligen Epochen ließ sich meist einen Aufenthalt in der Stadt an Rhein und Mosel nicht entgehen. Einer dieser Berühmtheiten war Johann Wolfgang von Goethe (1749-1832), einer der bedeutendsten Schöpfer deutschsprachiger Dichtung. Nach eigenen Angaben hat jener Goethe im Jahre 1774 mit seinen Freunden Johann Caspar Lavater (1741-1801) und Johann Bernhard Basedow (1724-1790) die Stadt Koblenz besucht und in einem Gasthaus im Entenpfuhl zu Mittag gegessen.

In seinem Werk *Dichtung und Wahrheit* beschreibt Goethe seine Reise im Juli 1774 von Bad Ems nach Koblenz und Neuwied so: „Eine sehr angenehme, Herz und Sinn erfreuende Fahrt hatten wir die Lahn hinab. [...] Ich freute mich den herrlichen Rhein wiederzusehen und ergetze mich an der Überraschung derer, die dieses Schauspiel noch nicht genossen hatten. Nun landeten wir in Koblenz [...]. Das Andenken an einen wunderlichen Wirtstisch in Koblenz habe ich in Knittelversen aufbewahrt [...].“

Mit den „Knittelversen“ ist Goethes Gedicht „Diné zu Coblenz“ gemeint. Der „wunderliche Wirtstisch“ soll ein Tisch in dem 1746 erbauten Gasthof „Zu den drei Reichskronen“ gewesen sein.

„Der Gasthof steht nicht mehr, aber es gibt eine Tafel, die auf das Wirtshaus hinweist, das gleich hier gegenüber einmal gestanden hat.“

„Der Gasthof steht nicht mehr, aber es gibt eine Gedenktafel, die auf das Wirtshaus hinweist, das gleich hier gegenüber einmal gestanden hat“, sagt Marc Ferdinand, Alleingesellschafter eines Fachgeschäftes für Design rund um Tisch und Küche. Er wirft von seinen Geschäftsräumen im Entenpfuhl

Marc Ferdinand vor der Gedenktafel. Eines der Konterfeis zeigt Johann Wolfgang von Goethe.

aus quasi täglich einen Blick auf die genannte Gedenktafel auf der anderen Straßenseite. Und manchmal kann er den Berichten der Gästeführer zuhören, die während der Touristensaison täglich im Entenpfuhl stehen bleiben und den Besuchern der Stadt über das verschwundene Gasthaus Auskunft geben. Als Geschäftsmann der Altstadt interessiert er sich für das, was die Historie über das Umfeld seines Geschäftes birgt – der Entenpfuhl, der alte Römerwall und auch das verschwundene Gasthaus. Deshalb kann er berichten: „Die Tafel mit den beiden bekannten Köpfen darauf, einer davon Goethe, ist noch nicht so alt. Sie wurde 2008 von der Altstädter Brunnengemeinschaft angebracht. Zuvor muss es eine Tafel gegeben haben, auf der, neben dem Namen des alten Gasthofes, das Datum des Aufenthalts von Goethe, die Namen seiner Begleiter Lavater und Basedow und der Schluss seines Gedichtes ‚Diné zu Coblenz' geschrieben stand. Das Gebäude wurde 1944 zerstört und die ursprüngliche Tafel ist seit Ende des Zweiten Weltkrieges, wie so vieles in der Stadt, verschollen."

„Das Gebäude wurde 1944 zerstört und die ursprüngliche Tafel ist seit Ende des Zweiten Weltkrieges, wie so vieles in der Stadt, verschollen."

Das zweite Gesicht, das auf der heutigen Tafel zu sehen ist, gehört zu Wolfgang Amadeus Mozart (1756-1791). Auch das Musikgenie soll im Gasthaus „Zu den drei Reichskronen" abgestiegen sein, als er vom 17. bis zum 27. September 1763 in der Stadt war. Das ist auf der Tafel zu lesen. Die Familie war auf dreijähriger Konzertreise und gastierte in Koblenz. Der siebenjährige Wolfang und seine Schwester „Nannerl" musizierten für den Kurfürsten Philipp von Walderdorff (1701-1768) in Ehrenbreitstein. Eigentlich war der Aufenthalt in Koblenz nicht für ganze elf Tage eingeplant, aber Wolfgang Amadeus hatte sich erkältet und die Familie reiste erst ab, als es ihm wieder besser ging.

„Der Gasthof ‚Zu den drei Reichskronen' muss im 18. Jahrhundert das erste Haus am Platze gewesen sein. Es soll 76 Fremdenzimmer, zwei große Säle für 350 Personen und Stallungen für 80 Pferde gehabt haben", erzählt Marc Ferdinand.

Johann Maas, Ratsherr, Postmeister und Gastronom, war der Inhaber des Gasthofes. Er beherbergte nicht nur Gäste von Rang und Namen, in dem Gebäude Entenpfuhl 4 befanden sich auch das Postamt und die Posthalterei. Zudem fanden ab 1766 in einem weiteren Saalanbau Theateraufführungen und Bälle statt. Das Gasthaus muss somit auch über die Stadtgrenzen hinaus bekannt gewesen sein.

Und es gibt da noch ein kleines Geheimnis, ein Schmankerl, das mit dem Gasthof zusammenhängt. Eigentlich müsste man es ja dem „Engelsgässchen“ zwischen der Görgenstraße und der Rathauspassage zuordnen. Doch weil sein Namensgeber gar nichts mit einem geflügelten Himmelsboten, sondern mit einem geerdeten Mann zu tun hat, erzählt Marc Ferdinand noch kurz dieses kleine Geschichte: „In den Reichskronen gab es im 18.Jahrhundert einen Kellner, der hieß Peter Engel. Und dieser Peter Engel war äußerst beliebt. Heute würde man sagen, wegen ihm hatte das Gasthaus einen hervorragenden Service. Und nach diesem Peter Engel ist im hinteren Bereich dieser Gebäudefront ein kleines Gässchen benannt, das Engelsgässchen.“ Ohne dass sie direkt miteinander in Verbindung gebracht werden, gibt es also zwei Relikte für den alten Gasthof aus dem 18. Jahrhundert.

Christl Eberlein

So geht's zur Gedenktafel:

Die Erinnerung an das einstige erste Haus am Platz hängt heute am Haus Entenpfuhl Nummer 4.

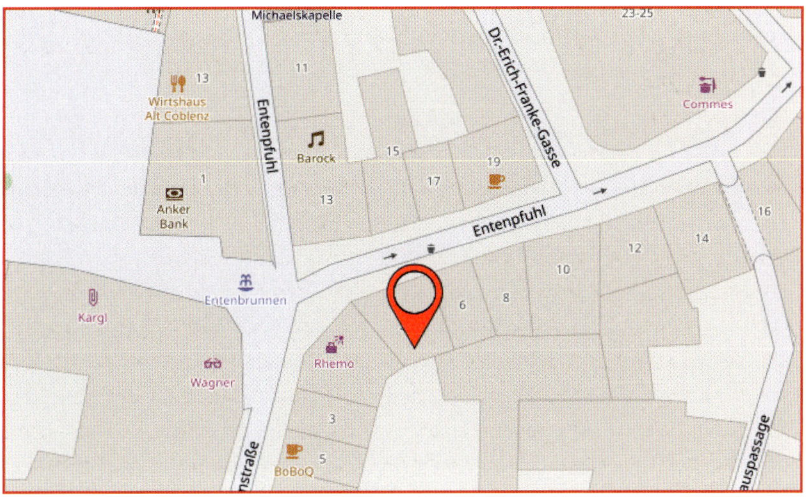

David Richard steht vor der Kaffeewirtschaft, die sein Urgroßvater gegründet hat.

41

Kaffeewirtschaft

Den großen Geistern gewidmet

Ludwig van Beethoven, Dante Alighieri, Henriette Sontag: Es ist eine illustre Reihe von Namen, die sich in goldenen Lettern über die Front der Kaffeewirtschaft am Münzplatz und darüber hinaus erstreckt. Musiker stehen neben Literaten, Sängerinnen neben Mäzenen, viele von ihnen Italiener, nur wenige (wie eben die international bekannte Opern-Diva Sontag) Koblenzerinnen. „Wenn ich gefragt werde, was es mit diesen Namen auf sich hat, dann behaupte ich, dass sie alle Kaffee geliebt haben", gesteht David Richard und lacht. Seit seinem 25. Lebensjahr leitet er die Kaffeewirtschaft, so wie schon sein Großvater und Urgroßvater vor ihm. „Eigentlich ist die Wahrheit aber ganz banal:

Mein Vater Bernhard Wolfgang Richard war Maler, Grafiker und Bildhauer und hat die Namen jener Künstlerinnen und Künstler einarbeiten lassen, die er besonders verehrt hat." 1978 habe man damit angefangen, sie als Gestaltungselement auf Höhe der zweiten Etage anbringen zu lassen. „Mittlerweile setzen sich die Namen auch um die Ecke fort, und unser Nachbar hat das Konzept ebenfalls aufgegriffen", freut sich Richard.

Die Kaffeewirtschaft selbst blickt auf eine lange Tradition zurück. 1907 gründete Bäckermeister Josef Richard mit seiner Frau Katharina das erste Café dieses Namens im Metternicher Hof, 1911 zogen sie in das jetzige Stammhaus um, das seitdem durchgehend im Familienbesitz war. „Mein Urgroßvater wurde damals von seinen Freunden ‚Kanonenbäcker' genannt, weil er unter anderem die Preußen auf der Feste Konstantin mit Broten versorgte, was im Rheinland als Sünde galt", erzählt David Richard. „Sie wollten Josef mit diesem Spitznamen ärgern, und das ist ihnen auch gelungen. Andererseits hat es mein Großvater nicht zuletzt durch die Arbeit für die Preußen geschafft, sich innerhalb kürzester Zeit in der Stadt zu etablieren. Ab 1922 hat sein Sohn Philipp den Spitznamen aufgegriffen, als Warenzeichen schützen lassen und seine Konditorei danach benannt."

Der Wiederaufbau nach dem Zweiten Weltkrieg hat die Richards viel Kraft gekostet. „Damals wie heute fragt man sich manchmal, ob die verantwortlichen Politiker und Verwaltungsleute die

Zu den Namenstafeln über der Kaffeewirtschaft gehören auch je eine für den italienischen Volksdichter Dante Alighieri („Die göttliche Komödie") und für den Opernsänger Giovanni Martinelli.

Lebensbedingungen in der Altstadt verstehen", kritisiert David Richard. „Gerade in Koblenz sind meiner Meinung nach im Denkmalbereich sehr viele Fehler gemacht worden, und es wird nicht besser. Mein Vater, der die Kaffeewirtschaft nicht weiterführen wollte und stattdessen in seinem Atelier unterm Dach seiner Kunst nachgegangen ist, hat sich immer gefragt, wie sich die Stadt wohl entwickelt hätte, wenn die Medici hier gewirkt hätten, die ja bekanntlich bedeutende Förderer der Künste waren." Die Bankiersfamilie, die vor allem im 15. Jahrhundert Florenz zu einer der führenden Kultur-Metropolen der Renaissance machten, protegierten unter anderem Michelangelo, Botticelli, Donatello und Leonardo da Vinci. „Deswegen ist auch der Name von Cosimo I. über der Kaffeewirtschaft verewigt." Diese wurde nach Philipp Richards Tod 1962 aufgegeben, existiert seit 1999 aber wieder unter ihrem ursprünglichen Namen und bietet neben Kaffee- und Tee-Spezialitäten unter anderem Weine aus der Region, moderne rheinländische Küche und natürlich Kulturveranstaltungen an. Immer unter dem Siegel des Kanonenbäckers. Und den Vorbildern des Künstler-Vaters.

Thomas Kölsch

So geht's zur Kaffeewirtschaft:

Die Kaffeewirtschaft befindet sich am Münzplatz 14.

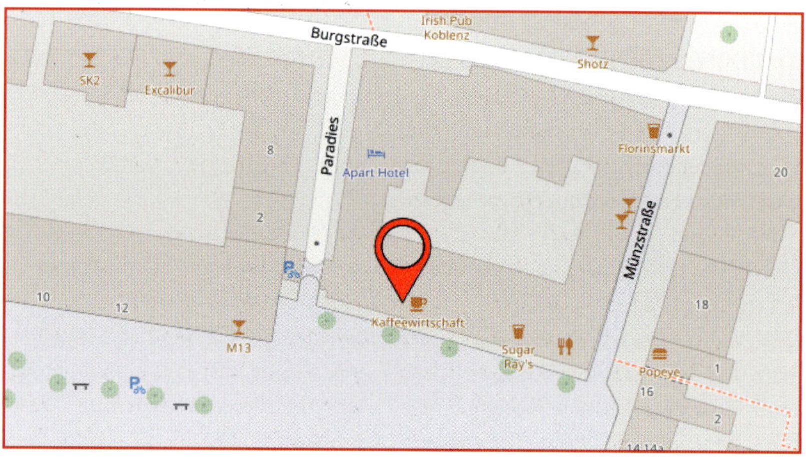

Kunsthistoriker und Denkmalpfleger Manfred Böckling an der Ecke des ehemaligen preußischen Proviantmagazins, in dem sich jetzt ein Restaurant befindet. Die Inschriftensteine aus Schloss Philippsburg sind deutlich erkennbar.

42

Inschriftenstein

Nur der Name ist geblieben

Im 17. Jahrhundert galt das Schloss Philippsburg in Koblenz, Residenz der Kurfürsten und Erzbischöfe von Trier, als eines der größten und bedeutendsten Barockbauten am Rhein. Heutzutage ist von diesem Prachtbau nichts mehr übrig – na gut, fast nichts. Denn an verschiedenen Stellen im Stadtgebiet weisen ganz besondere Steine darauf hin, dass die Überreste des Schlosses bei Bau und Reparatur anderer Gebäude Verwendung fanden. Diese findet man unter anderem am Deutschen Eck, im Bereich des Ludwig-Museums, an der Ecke eines Edel-Restaurants. Man muss nur etwas genauer hinschauen. Und den Namen des Bauherrn von Schloss Philippsburg kennen.

„Errichtet wurde das Schloss im Dreißigjährigen Krieg (1618-1648), genauer zwischen 1626 und 1629, vom damaligen Kurfürsten Philipp Christoph von Sötern“, erklärt der Kunsthistoriker Manfred Böckling. „Dieser hatte sich auf die Seite Frankreichs und Schwedens geschlagen und suchte einen sicheren Ort, von dem aus er seine Amtsgeschäfte führen konnte. Was hätte besser gepasst als eine Schlossanlage am Fuß der mächtigen Festung Ehrenbreitstein, die ihm ebenfalls gehörte?“ Also habe er Schloss Philippsburg in die Festungsanlagen integrieren lassen und es nach der Fertigstellung zu seiner Hauptresidenz gemacht, während die Franzosen das Besatzungsrecht in Ehrenbreitstein erhielten. „Und weil Sötern sehr von sich eingenommen war, hat er in zahlreiche Steine seinen Namen eingravieren lassen, vermutlich vor allem bei Fensterstürzen und Schlusssteinen.“

Über die Jahre wurden sowohl die Festung Ehrenbreitstein, die 1650 wieder an Kurtrier fiel, als auch das Residenzschloss immer weiter ausgebaut. Letzteres wurde um mehrere Nebengebäude ergänzt, die unter anderem als Kanzlei und Verwaltungsgebäude dienten. Ab 1778 schrumpfte allerdings sein Reiz: Kurfürst Clemens Wenzeslaus von Sachsen (1739-1812) bemängelte Gebäudeschäden und die Gefahr von Felsstürzen, so dass er das Kurfürstliche Schloss in Koblenz bauen ließ; die Philippsburg verfiel zusehends. Als die Franzosen 1801 die zwei Jahre zuvor eroberte Festung Ehrenbreitstein schließlich bei ihrem Abzug sprengten, legten sie damit unbeabsichtigt auch das Barockschloss in Schutt und Asche. „Die Preußen haben die Steine wiederverwertet und zum Beispiel für den Bau von Kasematten und Vorratslagern genutzt“, erklärt Böckling. Er zeigt auf einen Stein in der Fassade des Restaurants und ehemaligem preußischem Proviantmagazins, in den die Buchstaben „ISTOPH“ eingemeißelt sind. „Den hier können wir aufgrund der Buchstaben, die Teil des Namens von Philipp Christoph von Sötern sind, eindeutig Schloss Philippsburg zuordnen“, erklärt er. „Es ist daher anzunehmen, dass auch die Bruchsteine, die in diesem Gebäude oder auch in den benachbarten Kasematten verbaut worden sind, aus derselben Quelle stammen. Einen eindeutigen Beleg gibt es für diese These allerdings nicht.“ Auch im Ort Ehrenbreitstein sowie auf der von den Preußen neu errichteten Festung seien vergleichbare Inschriftensteine zu finden – die letzten sichtbaren Überreste des einst so wich-

„Die Preußen haben die Steine wiederverwertet und zum Beispiel für den Bau von Kasematten und Vorratslagern genutzt.“

tigen Schlosses. Selbst vom Deutschen Eck aus, das einen hervorragenden Blick auf Ehrenbreitstein gewährt, sieht man höchstens noch ein paar Mauerreste und angedeutete Bögen des einstigen Gartens. „Erstaunlicherweise sind die Pagerie, das Dikasterialgebäude, der Krumm- und der Marstall als benachbarte Bauten vollständig erhalten geblieben", betont Böckling.

Ein paar Meter vom Ludwig-Museum und dem Inschriftenstein entfernt kann man sich dann aber doch einen Eindruck davon machen, wie Schloss Philippsburg einmal ausgesehen haben muss: In der Basilika Sankt Kastor hängt rechts des Eingangs ein Gemälde des Namenspatrons der Kirche, im Hintergrund ragt die kurfürstliche Residenz am Rheinufer empor.

Thomas Kölsch

So geht's zum Inschriftenstein:

Am Gebäude im Innenhof des Ludwig-Museums finden sich zwei Inschriftensteine. Ein weiterer, deutlich verwitterter ist in die Steinmauer links vom Museum eingelassen.

HYGEA
Meerblick
Das Koblenzer Reisecenter

43

Hygiea

Romantisch-verschnörkelt und jung

Hygieia ist die Göttin der Gesundheit. In der griechischen Mythologie ist sie eine der Töchter von Asklepios. Beide Namen klingen in den heutigen Ohren doch verdächtig nach medizinischen Begriffen. Das Wort „Asklepios" steht an vielen Krankenhäusern, Kliniken oder Apotheken und der Name der griechischen Göttin ist nicht weit entfernt von dem Wort „Hygiene". Dieses Geheimnis scheint also auf Medizin und das Gesundheitswesen hinauszulaufen. Und tatsächlich: Es gibt die Göttin der Gesundheit in Koblenz, nämlich in der Altstadt. Sie schaut in der Firmungsstraße vom Dach eines Hauses hinab auf die Vorübergehenden. Aber die sehen die Schönheit in luftigen Höhen meistens gar nicht. „Ich bin in Koblenz geboren und aufgewachsen, aber die Hygieia habe ich das erste Mal bewusst gesehen, als ich als Jugendliche während meiner Schulzeit an einer Stadtführung teilnahm und wir dabei auf den großen Kopf aufmerksam gemacht wurden", erzählt Margit Theis-Scholz, Dezernentin für Bildung und Kunst bei der Stadt Koblenz.

Seither schaut sie fast jedes Mal zum Dachgeschoss des um die Wende zum 20. Jahrhundert erbauten Hauses. Beim genauen Betrachten zeigt sich warum. Auf dem Dach, über einem großen, dreiteiligen und einem weiteren, deutlich kleineren, zweigeteilten Rundbogenfenster ist der geschätzt rund vier mal vier Meter große Kopf der Hygieia angebracht. Ihr langes, weißes Haar umrahmt ihr liebliches Gesicht und wallt über die sich darunter befindende Dachgaube und um das kleinere der beiden Fenster. Ob sie die Augen offen oder geschlossen hat, das kann man nicht genau sagen, das

„Ich bin in Koblenz geboren und aufgewachsen, aber die Hygiea habe ich das erst Mal gesehen, als ich als Kind in der Schule eine Stadtführung mitgemacht habe und uns dabei der große Kopf gezeigt wurde."

Von hoch oben schaut die Figur in der Firmungsgasse auf die Vorübergehenden herab. Dr. Margit Theis-Scholz ist von der Besonderheit dieses Reliktes begeistert.

liegt im Auge des Betrachters. Zwei Schlangen treffen sich zwischen den Fenstern, in der Mitte des Namensschriftzuges, um gemeinsam aus einer Schale zu trinken. Im medizinischen Bereich ist die Schlange in Form des Äskulap- oder Asklepiosstabes bekannt. Rechts und links des großen Rundbogenfensters sind zwei Szenen dargestellt, die ebenfalls mit der Thematik „Medizin und Gesundheit" in Verbindung stehen. Die rechte Szene zeigt eine Frau, die sich um einen Säugling kümmert. Die linke Szene bildet eine Ordensschwester ab, die einen Verletzten versorgt. Scheint die Sonne auf das Ensemble, dann kommen die kräftigen Farben und das strahlende Weiß der Haare von Hygieia besonders gut zur Geltung.

„Der Kopf der Hygieia soll sicher damals einen Werbeeffekt haben. Die Familie Fritz Oettelshofen betrieb in dem Haus eine große Drogerie. Der Drogist hat die Figur an dem 1903 erbauten Haus anbringen lassen“, sagt Margit Theis-Scholz. Leider sei der untere Teil des Hauses sehr stark verändert worden. Nur das obere Geschoss mit der Hygieia sei noch so, wie es damals war, erklärt die Kulturdezernentin. „Dieses Haus ist etwas Besonderes in der Stadt“, betont sie. „So reich mit geschwungenen und verschnörkelten Elementen verziert, ist das das einzige Jugendstilhaus in der Altstadt, das nach dem Zweiten Weltkrieg erhalten geblieben ist.“ Der Blick nach oben lohnt sich also.

Christl Eberlein

So geht's zur Hygiea:

Der Kopf der griechischen Göttin im Jugendstil ist auf dem Dach des Hauses Nummer 11 in der Firmungsstraße zu sehen.

Michael Klein hat das Relikt entdeckt und herausgefunden, wozu das Metallteil einst diente.

44 Metallteil

Die Soldaten und der Blumengarten

Der erste Hinweis, den Michael Klein auf die gärtnerischen Ambitionen der preußischen Soldaten in Koblenz entdeckte, war klein und aus Metall. Direkt vor der Brüstungsmauer von Fort Konstantin, von der aus man diesen wunderbaren Blick auf Koblenz hat, ist ein kleines eisernes Teil zu erkennen, das ein paar Zentimeter aus einem Basaltstein ragt. „Lange habe ich mich gefragt: Was ist das eigentlich für ein Ding?“, sagt er. Heute weiß er es – und auch, dass die Kompanie, die dort im 19. Jahrhundert stationiert war, offensichtlich einen Sinn für das Schöne hatte.

„Ursprünglich haben wir gedacht, dass das Metallteil ein Messpunkt ist, um das Fort in seinen Maßen zu erfassen“, berichtet Klein, der sich als Gründungsmitglied des Vereins Pro Konstantin schon lange für Erhalt, Erforschung und Nutzung der alten Festungsanlage einsetzt. Die in Blei eingegossene Stahlbefestigung, die in dem Basaltstein

Heute noch idyllisch: die Grünfläche von Fort Konstantin.

steckt, schien baugleich mit denen der Pfosten, die man bereits an anderen Stellen auf dem Fort entdeckt hatte.

Doch dann fiel Klein ein, dass er in einem historischen Dokument von einem kleinen Ziergarten gelesen hatte, den es früher auf dem Platz des Forts gegeben haben soll. „Diese Schrift geriet zunächst wieder in Vergessenheit, da keine Spuren zu sehen waren", erzählt Klein. Doch dass irgendwo ein Gärtchen gewesen sein muss, war dem Verein bekannt – und nun verdichteten sich die Hinweise, dass das Metallteil in einem Zusammenhang stehen könnte.

Die Spurensuche begann. Ein weiteres Indiz war ein alter Festungsplan aus preußischer Zeit. Darin waren die Festungsanlagen in Koblenz eingetragen, und hier war ganz klar eine farbliche Markierung zu erkennen: Direkt am Rand der Freifläche von Fort Konstantin war ein grün schraffierter quadratischer Bereich eingezeichnet, ein Hinweis auf einen Garten – und dieser endete an einer Seite genau da, wo sich der Basaltstein mit besagtem Stahlfragment befindet. „Das brachte uns auf die Spur der Lage des Gärtchens", so Klein.

Auch Postkarten aus den Jahren um 1900 zeigen an derselben Stelle Vegetation, und es wurden weitere Basaltsteine gleicher Machart auf dem Fort gefunden. Verschiedene Historiker, mit denen Klein in der Folge sprach, bestätigten dessen Annahme. „All das zusammengenommen, war schnell klar: Hier haben wir etwas gefunden", sagt Klein. Er ist überzeugt: Das rätselhafte Metallteil gehörte zu der Einfriedung, die den Garten auf Fort Konstantin damals umgab.

Wer aber hat diesen angelegt und gepflegt? Bei diesen Überlegungen wurde zunächst eine historische Persönlichkeit in den Blick genommen, die in Koblenz auch heute noch bekannt und beliebt ist. „Zuerst haben wir vermutet, dass das Gärtchen extra für die spätere Kaiserin Augusta angelegt wurde", berichtet Michael Klein. Damals noch Prinzessin, war diese die Chefin des von 1860 bis 1893 in Koblenz stationierten preußischen Königin Augusta Garde-Grenadier-Regiments Nr. 4, das aus zwölf Kompanien bestand.

Prinzessin Augusta Marie Luise Katharina von Sachsen-Weimar-Eisenach (1811-1890), war die Ehefrau Kaiser Wilhelms I. (1797-1888) und hatte eine besondere Beziehung zu Koblenz – und zu Grünanlagen. Nach ihrem Einzug in das Kurfürstliche Schloss 1856 ließ sie die nach ihr benannten Kaiserin-Augusta-Anlagen am Rhein von den beiden bedeutendsten preußischen Gartenbauern Peter Joseph Lenné und Hermann von Pückler-Muskau planen und verwirklichen.

„Wenn Augusta die Figur hat aufstellen lassen, dann hat sie auch das Gärtchen anlegen lassen."

1858 wurde Wilhelm als preußischer Regent eingesetzt, und Augusta kehrte mit ihrem Mann nach Berlin zurück. Das Königs- und Kaiserpaar hielt sich aber auch danach regelmäßig in Koblenz auf, und noch heute erinnert das Kaiserin-Augusta-Denkmal in den Rheinanlagen an die Monarchin, und jährlich wird hier das Augusta-Fest gefeiert.

In Koblenz jedenfalls ließ sie zuvor die Portalfigur des Kartäuserklosters sanieren, das sich bis 1802 viele Jahrhunderte an der Stelle der Festungsanlage befand und für deren Bau abgerissen wurde. „Im Gärtchen auf Fort Konstantin hat Augusta die Heiligenfigur aufstellen lassen", sagt Klein. Heute ist diese allerdings verschwunden.

Klein jedenfalls hatte den Gedanken: „Wenn Augusta die Figur hat aufstellen lassen, dann hat sie auch das Gärtchen anlegen lassen." Zeitlich sei dieses in die frühen Jahre der Kaiserin in Koblenz zu legen, in der auch die Augusta-Anlagen entstanden. Und Gartenbauer Lenné habe sie möglicherweise auch bei der Gestaltung des Gartens auf Fort Konstantin beraten.

Doch mittlerweile weiß Klein: Das ist so wohl nicht richtig. Der Koblenzer Kunsthistoriker Manfred Böckling hat herausgefunden, dass es damals in den Festungsanlagen öfters Gärten oder kleine Parks gab. Die Festung Ehrenbreitstein besaß im Rheinhang einen Offiziersgarten, und auf der Karthause, auf der Teile des Garde-Regiments lagen, sind etwa sieben Gärten auszumachen.

„Dementsprechend ist es keine Überraschung, dass auch auf Fort Konstantin einer gefunden wurde", so Klein – und dass Augusta hinter diesem einen steht, ist unwahrscheinlich. Der Verein ist mittlerweile überzeugt, dass die hier stationierte Kompanie selbst das Gärtchen auf Fort Konstantin angelegt hatte. In der Geschichte des Regiments ist nachzulesen, dass dessen Kompanien in ihren Revieren generell Gärten betrieben und dass Augusta bei einem Besuch in Koblenz auch Rosen aus diesen Gärten überreicht wurden.

Soldaten und ein hübscher Blumengarten: Wie das zusammenpasst, kann Klein nur vermuten. „Ich denke, es hängt mit der Epoche der Romantik Anfang des 19. Jahrhunderts zusammen, dass in dieser Zeit Gärten angelegt wurden." Und Fort Konstantin war eine Festungsanlage, die bei allem militärischen Nutzen wunderschön oberhalb von Koblenz gelegen war, und von der Spitze der Freifläche hat man einen grandiosen Blick auf die Stadt und das Rheintal.

> „Ich denke, es hängt mit der Epoche der Romantik Anfang des 19. Jahrhunderts zusammen, dass in dieser Zeit Gärten angelegt wurden."

Auf dem Platz vor dem Fort reihten sich auch mehrere Bäume auf, und an der Spitze des Platzes, an der heute ein Fahnenmast steht, soll sich der rechteckig angelegte Garten befunden haben. Der Rest der großen Freifläche, die heute mit Gras bewachsen ist, soll von einer Mergelschicht bedeckt gewesen sein, sagt Klein, einer Art Sand- und Kies-Belag.

Das Fort Großfürst Konstantin ist neben der Festung Ehrenbreitstein der besterhaltene Teil der ehemaligen preußischen Festung Koblenz und Ehrenbreitstein. Schon zur Römerzeit soll der Schieferfels, auf dem das Fort errichtet ist und der hinter dem heutigen Hauptbahnhof etwa 60 Meter aufsteigt, besiedelt gewesen sein.

Ein Benediktinerkloster und später ein Kloster des Kartäuserordens folgten, bis Letzteres im Jahr 1802 säkularisiert wurde. 1815 dann erfolgte die königliche „Order zur Neubefestigung der Stadt Coblenz und der Festung Ehrenbreitstein", und als Teil des umfangreichen Festungssystems wurde von 1822 bis 1827 auch das Fort Großfürst Konstantin erbaut. Mit diesem wurden vor allem die steilen Abhänge des Karthäuser Plateaus zum Rhein und zur Mosel hin abgesichert, die Geschütze deckten einen großen Bereich auf beiden Seiten ab.

Wie lange das Gärtchen hier existierte, ist nicht überliefert. Nach dem Tod der Königin 1890 wurde das Augusta-Regiment 1893 nach Spandau verlegt, „es könnte sein, dass er damals niedergelegt wurde“, sagt Michael Klein. Oder mit der Entfestigung von Fort Konstantin im Jahr 1922, die die Alliierten nach dem Ersten Weltkrieg gefordert hatten? Manfred Böckling denkt mit Blick auf zwei Fotos aus seinem Fundus, dass die Gärtchen wenigstens zum Teil noch bis um 1900 oder sogar bis in den Ersten Weltkrieg bestanden. Damit dürften sich nach dem Abzug des Augusta-Regiments andere Soldaten um die Gärtchen auf der Karthause gekümmert haben. Spätestens als die Wehrmacht auch das Fort Konstantin infolge der Rheinlandbesetzung im Jahr 1936 übernahm, „da war der Garten ganz bestimmt weg“, ist Klein überzeugt.

Und ob es danach noch einmal Soldaten gab, die einen Blumengarten auf einer Festung hegten und pflegten, ist zu bezweifeln.

Stephanie Mersmann

So geht's zum Metallteil:

Der Basaltstein mit der in Blei eingegossenen Stahlbefestigung liegt auf der Freifläche von Fort Konstantin, und zwar direkt an der Brüstung.

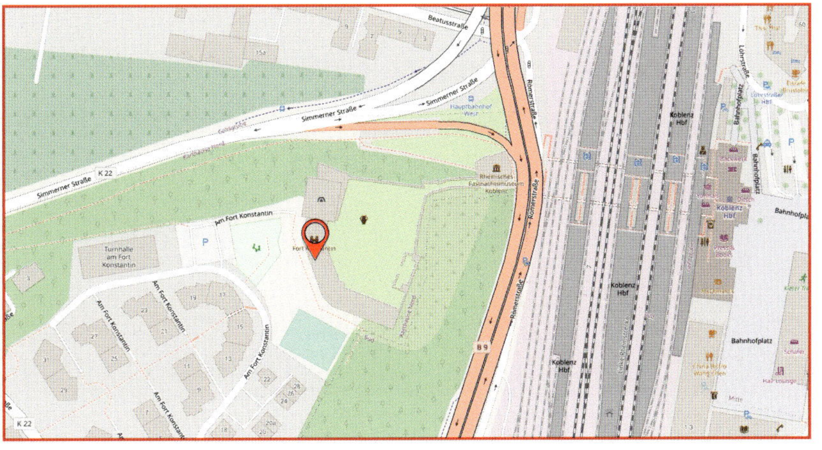

45

Festungsbäckerei

1000 Brote pro Tag

Die Feste Kaiser Franz ist nur noch eine Ruine. Wenn auch eine beeindruckende. Das immense preußische Festungswerk auf dem Koblenzer Petersberg von 1822 wurde vor nunmehr einhundert Jahren geschleift und 1959 gesprengt, so dass heutzutage nur noch die beiden Seiten des zentralen Verteidigungsbaus (des so genannten Reduits) sowie ein massiver Kehlturm übrig sind. Von letzterem aus konnten Kanonen die Ebene links von Rhein und Mosel kontrollieren. Zugleich befindet sich im Kehlturm etwas ganz Besonderes: die letzte noch funktionsfähige Kriegsbäckerei der städtischen Wehranlagen. Und auch wenn diese derzeit ebenfalls verfallen ist, hofft ein Verein doch sehr, ihn in absehbarer Zeit wieder in Betrieb nehmen zu können.

Kriegsbäckereien waren im Rahmen der militärischen Infrastruktur einer Festung nur für den Fall einer Mobilisierung gedacht, im Gegensatz zu den Garnisonsbäckereien, die für die alltägliche Versorgung der Soldaten in Friedenszeiten zuständig waren. Während in letzterem Fall rund 6300 Mann als Besatzung vorgesehen waren, verdoppelte sich diese Zahl im Ernstfall. „Außerdem muss die Versorgung ja selbst dann sichergestellt sein, wenn eine Festungsanlage vom Nachschub abgeschnitten ist", erläutert Matthias Kellermann vom Verein Feste Kaiser Franz Für jeden Soldaten waren dabei täglich anderthalb Pfund Brot vorgesehen. „Der Ofen in der Feste Franz konnte pro Tag etwa 1000 Brotlaibe mit jeweils drei Kilogramm Gewicht backen", so Kellermann, „im Notfall sogar 1500. Dann musste aber auch fast den ganzen Tag über durchgearbeitet werden, denn gleichzeitig konnten nur etwa 250 Brote in den Ofen, und ein Backgang dauerte mit Vorheizen, Einschießen der Rohlinge und dem Herausnehmen der Brote drei Stunden."

„Nachdem das Stift 1183 auf dem Michelsberg gegründet wurde, musste es jedoch bald auf die Blauinseln umziehen."

Matthias Kellermann beim Festungsbackofen der Feste Franz.

Der Festungsbackofen (links), der täglich bis zu 1000 Brote backen konnte, befindet sich im massiven Kehlturm der Feste Franz(oben).

Den immensen Ausstoß und den dazugehörigen Trubel kann man sich in dem Kehlturm nur schwer vorstellen. Die Räume, darunter Lager für Mehl und Kohlen sowie im ersten Stock die ehemalige Küche, sind allesamt kahl und karg, fast wie ein zweihundert Jahre alter Rohbau, viel zu sehen gibt es nicht. Noch nicht. Ohnehin ist aus Sicherheitsgründen die Besichtigung der gesamten Anlage momentan nur eingeschränkt möglich. Allerdings plant die Stadt, das Gelände in den kommenden Jahren kontinuierlich zu sichern und wieder herzurichten, damit spätestens zur Bundesgartenschau 2029 möglichst viele Besucher die Feste Kaiser Franz besuchen können. Bislang haben sich die Arbeiten vor allem auf den Festungspark konzentriert, doch der Kehlturm steht seitens der Stadt ebenfalls auf der Agenda, nicht zuletzt wegen Kriegsbäckerei, die trotz der leeren Räume noch vergleichsweise gut in Schuss ist.

Der Backofen in der Feste Franz war natürlich nicht der einzige innerhalb des riesigen Festungswerks um Koblenz herum. „Ursprünglich gab es drei Kriegsbäckereien", führt Kellermann aus: „Von der Rheinanschlusskaserne ist aber nicht mehr viel übrig und im Fort Konstantin sind von den Backöfen nur noch die Fundamente erhalten. Hier in der Feste Franz ist dagegen alles mehr oder weniger erhalten. Wir arbeiten derzeit in Kooperation mit der unteren Denkmalschutzbehörde der Stadt Koblenz daran, die Bäckerei wieder instand zu setzen." Eine nicht unerhebliche Herausforderung. „Wenn die Statiker ihre Erlaubnis erteilt haben, werden wir uns zunächst um den Bogen vor dem Ofenloch kümmern, der ursprünglich ein Durchgang war und dann zu einem Rauchfang umgewandelt wurde“, erläutert Kellermann. „Erst dann können wir uns dem eigentlichen Backofen widmen. Der Schieber am Mundloch ist schon restauriert, aber es fehlen noch die Schieber vor den Rauchzügen. Das größte Projekt ist allerdings die Restaurierung der Brennkammer, die erst nach der Sicherung stattfinden kann. Für all diese Aufgaben haben wir Fachfirmen an der Hand, die nur darauf warten, dass sie anfangen dürfen.“

Wann die Bäckerei letztlich wieder in Betrieb genommen werden kann, ist allerdings auch noch von externen Faktoren abhängig. „Wir müssen ja auch erst einmal sehen, was mit dem Gebäude passiert, wenn der Ofen angefeuert wird und Hitze und Rauch sich ihren Weg bahnen“, erklärt Kellermann. „Ich bin aber zuversichtlich, dass wir alle eventuellen Probleme gelöst kriegen, und kann es auf jeden Fall kaum erwarten, wenn hier wieder gebacken wird.“

Thomas Kölsch

So geht's zur Festungsbäckerei:

Von der B9 aus Richtung Koblenz geht es über die Europabrücke Richtung Andernach, Mülheim-Kärlich. Bei der Abfahrt Koblenz-Lützel den Schildern Richtung Feste Kaiser Franz folgen. Die Gebäude der Feste Kaiser Franz kann allerdings grundsätzlich nur in Begleitung besichtigt werden – der Festungspark ist dagegen frei zugänglich.

Kunstwerke

Die Leidenschaft einer Kaiserin

Es waren einmal zwei Robinien, die heute als Kunstwerke „Rückkehr – stehend und liegend“ vor dem Koblenzer Schloss platziert sind. Aus den Stämmen der einst prächtigen Bäume hat der Künstler Erwin Wortelkamp die beiden Werke geschaffen. Geschwärzt klemmt der eine Stamm stehend in einem Betonsockel. Mit Gold verziert liegt der andere in einem Glaskasten daneben. Das Kunstwerk, das durch die zwei Robinien entstanden ist, sei allerdings etwas in Vergessenheit geraten, sagt Petra Kraus. Die Koblenzer Gästeführerin bietet seit 2011 – in diesem Jahr fand in Koblenz die Bundesgartenschau statt – spezielle Baumführungen an und weiß daher genau über die teilweise jahrhundertealten „grünen Riesen“ der Stadt Bescheid.

Der Name der Baumart stammt von dem Apotheker und Hofgärtner Jean Robin (1550-1629), der die Pflanze 1601 in Frankreich einführte. Robinien wachsen auf nährstoffarmen und trockenen Böden, ihr Holz ist hart und dauerhaft, die Blüte sehr wertvoll für Insekten und die Honigproduktion. Das könnten Gründe dafür gewesen sein, weshalb sie einst in Koblenz gepflanzt wurden. Vorrangig allerdings war wohl ihre herrschaftliche Gestalt dafür ausschlaggebend. „Die Robinie ist ein wunderschöner, großer Baum, der praktisch so gerade wächst wie ein Schiffsmast. Vom 19. Jahrhundert bis in die Neuzeit gehörte dieser Baum zu den klassischen Alleebäumen“, erklärt Petra Kraus. „Über 60.000 Bäume im Stadtgebiet machen Koblenz bis heute zu einer grünen Stadt“, sagt sie. Als der Vorplatz des Schlosses für die Bundesgartenschau neu gestaltet wurde, mussten die beiden letzten, rund 160 Jahre alten Robinien der einstigen Allee jedoch weichen. Sie repräsentierten die Geschichte der gärtnerischen Gestaltung rund um das Koblenzer Schloss zu Kaiserzeiten.

1850 ernannte König Friedrich Wilhelm IV. (1795-1861) Prinz Wilhelm (1797-1888), den späteren Deutschen Kaiser Wilhelm I. von Preußen, zum Militärgouverneur der Rheinlande und Westfalen. Seinen Amtssitz bezog der Prinz in Koblenz. Mit ihm kam seine Gemahlin, Prinzessin Augusta (1811-1890) in die Stadt. Sie

Noch immer eindrucksvoll sind die Reste der beiden Robinien, die einst in einer Allee vor dem Koblenzer Schloss standen. Petra Kraus steht vor dem Kunstwerk, das der Künstler Erwin Wortelkamp aus den Baumstämmen geschaffen hat.

gab die prächtigen Gartenanlagen rund um das Koblenzer Schloss in Auftrag. Nach den Plänen des berühmten Landschaftsarchitekten und General-

Das liegende Kunstwerk ist mit Gold verziert und wird durch einen Glaskasten geschützt.

Gartendirektors der königlich-preußischen Gärten, Peter Joseph Lenné (1789-1866), wurden 1860 unter anderem die zwei Robinien gepflanzt. In all seinen Werken plante er große ungeteilte Rasenflächen, kulissenartig gestellte Baum- und Strauchgruppen und Systeme von Wegen ein, die das gesamte Kunstwerk erschließen und die Besucher zu langen Spaziergängen einladen sollten.

Der Park mit der dreieinhalb Kilometer langen Promenade am linken Ufer des Rheines, der für die Koblenzer Bevölkerung angelegt wurde, ist im südlichen Teil zwischen 1856 und 1861 unter der Einbindung von Hermann Fürst von Pückler-Muskau entstanden. Bis heute flanieren die Koblenzer und die Gäste der Stadt gerne durch den „Lenné-Garten" hinter dem Schloss und die „Rhein"- und „Kaiserin-Augusta-Anlagen" am Rhein. Wie viele alte und besondere Baumarten es hier gibt, das allerdings wissen viele Einheimische und Gäste der Stadt gar nicht. Hier finden sich nämlich nicht nur die von Lenné bevorzugten Kastanien, Pappeln, Eschen, Blutbuchen, Weiden und Magnolien, sondern viele Exoten. Der Riesenmammutbaum, die Arizonazypresse, die Atlaszeder, der Japanische Perlschnurbaum oder der Blauglockenbaum sind nur ein paar dieser besonderen Bäume, die es zu sehen gibt. Das war der Grund für Petra Kraus und einige weitere Gästeführerinnen, sich intensiver mit den verschiedenen „Baumschätzen" der Rheinanlagen zu beschäftigen. Sie ist jedes Mal aufs Neue begeistert und kommt ins Schwärmen, wenn sie in den Grünanlagen vor und hinter dem Schloss sowie entlang des Rheins unterwegs ist. Immer wieder erfreut sie sich vor allem im Frühling an der Farbenpracht der Blüten und an dem satten Grün der Blätter. Aber auch im Herbst präsentieren sich manche Bäume im vollen Farbenspiel, wie der Amber. Eine ganze Reihe davon steht vor dem preußischen Regierungsgebäude, das zu den Rheinanlagen gehört.

Die „Rhein-Anlagen“ und die „Kaiserin-Augusta-Anlagen“ sind ein geschütztes Kulturdenkmal und Teil des UNESCO-Welterbes Oberes Mitterheintal. Und trotzdem sind sie vor Veränderungen nicht verschont geblieben. Die Luftangriffe auf Koblenz während des Zweiten Weltkrieges zum Beispiel haben auch den Baumbestand nicht unbeschadet gelassen. Es kommt vor, dass Bäume durch Trockenheit beschädigt werden, zu alt sind oder einer Neugestaltung weichen müssen, so wie die Robinien vor dem Schloss. Als Kunstwerk zurückgekehrt erinnern sie an alle „grünen Riesen“ die die Geschichte der Stadt Koblenz in den vergangenen Jahrhunderten erlebt haben.

Christl Eberlein

So geht's zu den Kunstwerken:

Die beiden Robinien befinden sich auf einem Grünstreifen zwischen den beiden Fahrbahnen der Neustadt vor dem Koblenzer Schloss.

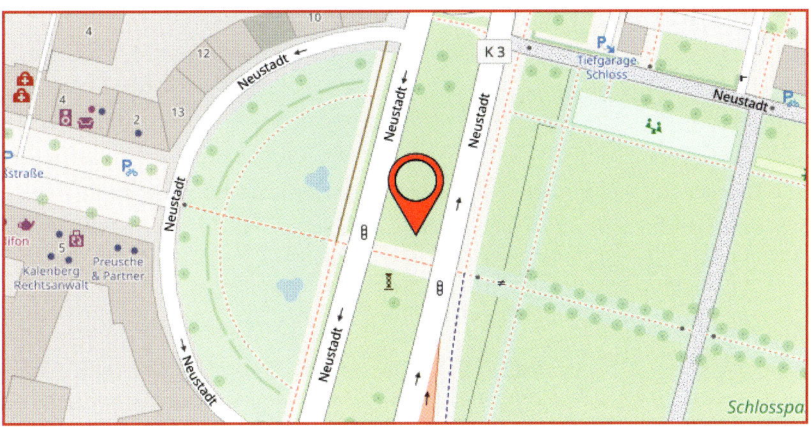

HIER STAND
VON 1687-1944
DAS
KARMELITER
KLOSTER

Schieferrelief

Von zweierlei Zellen

Koblenz ist eine „Kirchenstadt". Schaut man sich eine Aufzählung sakraler Bauten an, ist die Liste lang. Alleine in der Altstadt prägen die Türme etwa der Liebfrauenkirche, der Sankt Kastor Basilika oder der Florinskirche das Stadtbild. Es gibt aber auch eine Reihe von Gotteshäusern, die die Zeit nicht überdauert haben. Eines davon stand bis zum Ende des Zweiten Weltkrieges in der Karmeliterstraße. Ein Schieferrelief an dem heutigen Gebäude des Bundesinstitutes für Bau-, Stadt- und Raumforschung erinnert an das einstige Kloster und die dazugehörige Karmeliterkirche. Es zeigt ein Fenster und das Portal einer Kirche sowie eine abstrakte Personengruppe in langen Gewändern. „Bei der Vielzahl an Kirchen, die es in der Stadt gibt und gab, war sie die einzige barocke Kirche in Koblenz", kann Berthold Weiß über das verschwundene Gebäude berichten. Der ehemalige Leiter der Stadtkasse begleitet regelmäßig Führungen durch Koblenz und weiß daher viel über die Geschichte des Karmeliterklosters und der Kirche. „Die Gebäude wurden bei den Luftangriffen auf Koblenz 1944 zerstört und danach nicht wieder aufgebaut", kann er berichten. Das ehemalige Kloster diente zu dieser Zeit allerdings bereits einem anderen Zweck.

Erbaut wurde die Karmeliterkirche im 17. Jahrhundert. Kurfürst Karl Kaspar von der Leyen (1618-1676) beorderte die Brüder aus dem Orden der Karmeliter von Kloster Neuburg an der Donau nach Koblenz. 1658 wurde der Grundstein für den Klosterbau gelegt, der 1673 fertiggestellt war. 1687 stand die fertige Karmeliterkirche, die rund zehn Jahre später auch einen Kirchturm erhielt. „Zu Beginn des 19. Jahrhunderts mussten die Karmeliter das Kloster wegen der Säkularisation dann verlassen.

Viele Einrichtungsgegenstände der Kirche sind zu dieser Zeit an andere Orte gelangt", sagt Berthold Weiß. Das marmorne Taufbecken etwa steht heute in der Pfarrkirche Sankt Beatus in Koblenz-Karthause. Der Hochaltar, ebenfalls aus Marmor, findet sich in der Sankt Maximin Kirche in Horchheim wieder. Die Klosterkirche wurde nun zunächst als Lagerraum zweckentfremdet. „Das Karmeliterkloster hatte man zum

Ein Schieferrelief zeugt von dem Gebäude, das sich bis zum Ende des Zweiten Weltkrieges an der Stelle befand, an der Berthold Weiß steht.

Gefängnis umgewandelt", ergänzt Berthold Weiß.

Aus den einstigen Klosterzellen, den Wohnorten der Ordensbrüder der Karmeliter, wurden also Gefängniszellen gemacht. 1815 soll das Gebäude die Aufschrift „Königliches Gefängnis" getragen haben. Aufzeichnungen zufolge seien 116 Männer, 54 Frauen und 17 Kinder in dieser Zeit inhaftiert gewesen. Unter den Nationalsozialisten wurde das „Karmeliter-Gefängnis" zu einer Sammelstelle für von der Geheimen Staatspolizei festgenommene Koblenzer. Berthold Weiß berichtet, dass zu den Häftlingen unter anderem Helene Rothländer (1890-1976) gehörte. „Die Koblenzer Lehrerin und Politikerin wurde im August 1944 in ‚Schutzhaft' genommen. Sie verbrachte mehrere Monate hinter den Toren des ehemaligen Karmeliterklosters." Die Schiefertafel erinnert somit quasi an zwei Gebäude: das Karmeliterkloster und an das „Karmeliter-Gefängnis".

Christl Eberlein

So geht's zum Schieferrelief:

Es befindet sich in der Karmeliterstraße, Ecke Rheinstraße in der Altstadt.

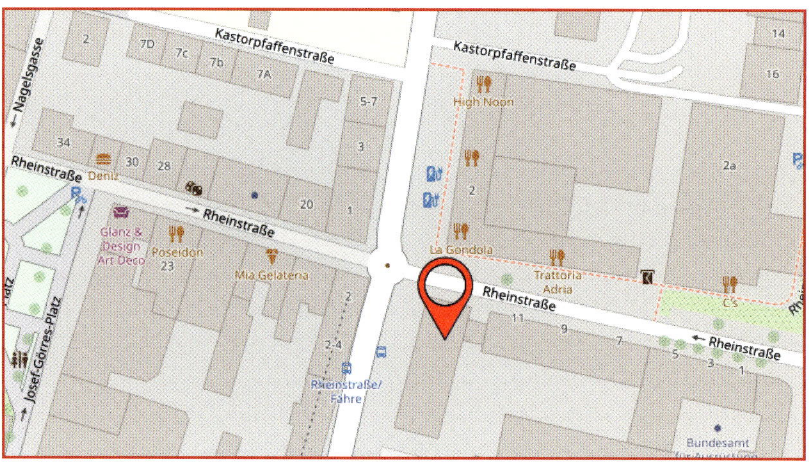

Berthold Weiß steht an den großen Steinblöcken, die in der Vergangenheit die Überquerung des Rheines möglich machten.

48

Steinblöcke

Zur anderen Rheinseite

Am Rheinufer, dort, wo die Rheinfähre nach Ehrenbreitstein anlegt, stehen zwei große Steinblöcke auf der Promenade. Neben dem historischen Pegelhäuschen und den zwei romantischen Brückenhäusern passen sie nicht wirklich gut ins Bild. Gleich groß, in derselben Form und parallel zueinander aufgestellt, gibt es wenig Zweifel daran, dass sie zusammengehören und mit großer Wahrscheinlichkeit demselben Zweck dienten. „Ja“, bestätigt Berthold Weiß, „da war die alte Schiffbrücke dran befestigt. Die gab es bis 1945.“ Der ehemalige Leiter der Stadtkasse hat schon oft Bilder der alten Koblenzer Schiffbrücke gesehen. Und zu ihr also gehörten diese beiden Steinkolosse. Wie muss man sich denn eine solche Brücke, die mit den anderen Brücken der Stadt nicht vergleichbar gewesen ist, vorstellen?

Mit dem Ausbau der Festung Ehrenbreitstein und der Stadt Koblenz als Garnisonsstadt in der preußischen Zeit (1866-1918) stiegen die Ansprüche an die Möglichkeit, den Rhein zu überqueren. Während es bereits seit dem Mittelalter eine steinerne Brücke über die Mosel gab, kam man auf dem Rhein noch mittels der „Fliegenden Brücke“ ans andere Ufer. Bestehend aus zwei Kähnen, die aneinander gekoppelt waren und einen aus Balken und Brettern gezimmerten Belag hatten, konnte die „Fliegende Brücke" immerhin acht Fuhrwerke und 100 Fahrgäste transportieren. Es handelte sich dabei allerdings mehr um eine Fähre als um eine Brücke, denn die zwei Kähne wurden zwischen weiteren neun, im Rhein verankerten Kähnen, zwischen Koblenz und Ehrenbreitstein hin und her gezogen. Das reichte nicht mehr aus. Etwas Stabileres musste her und so wurde am 18. April 1819 eine neue Verbindung der beiden Rheinufer eingeweiht: die Schiffbrücke. Nun konnten sowohl Fußgänger als auch Fuhrwerke bequem über den Rhein kommen und zwischen dem rechten und linken Ufern wechseln. Umsonst war die Nutzung der Brücke aber nicht. Nur für das Militär war die Nutzung kostenfrei“, sagt Berthold Weiß. „Die anderen Leute, die hier über den Rhein gehen wollten, mussten für die Überquerung zwei Pfennig an den Brückenhäusern bezahlen. Die beiden kleinen Häuschen stehen auch heute noch an ihrem damaligen Platz. In einem ist ein Kiosk untergebracht.“ Und wie sah die Konstruktion aus?

„Die Schiffbrücke überspannte mit einer Länge von 325 Metern den Rhein auf 36 hölzernen Kähnen, die als Pontons, also Schwimmkörper, dienten. Später wurden die Holzkähne durch eiserne Kähne ersetzt.“

„Die Schiffbrücke überspannte mit einer Länge von 325 Metern den Rhein auf 36 hölzernen Kähnen, die als Pontons, also Schwimmkörper, dienten. Später wurden die Holzkähne durch eiserne Kähne ersetzt“, erklärt Berthold Weiß. Alte Aufzeichnungen besagen, dass sich die Schiffbrücke nicht nur als Überweg erwiesen hat. Die Koblenzer hielten sich gerne dort auf, beobachteten die flatternden weißen und roten Signalfahnen, schauten nach den Leuten, die die Brücke überquerten, warteten auf die Pfiffe des Brückenmeisters und hatten ihren Spaß daran, wenn den vorbeifahrenden Schleppern mit Hilfe eines Tuchkorbes an einer langen Stange Nachrichten übermittelt wurden. „Wenn sich ein Schiff auf dem Rhein der Brücke näherte, dann wurden zwei oder drei Joche ausgefahren und das Schiff konnte durch die Schiffbrücke hindurch fahren. Die zwei Verankerungsblöcke hielten die Schiffbrücke auf der Koblenzer Seite an Ort und Stelle. Wie durch eine Pforte ging es zwischen den beiden Steinblöcken hindurch auf die Brücke und damit auf die andere Rheinseite", beendet Berthold Weiß seinen Bericht über die Koblenzer Schiffbrücke, von der nur noch die beiden Verankerungsblöcke zu sehen sind.

Christl Eberlein

So geht's zu den Steinblöcken:

Sie stehen am Ufer des Rheins bei der Anlegestelle der Rheinfähre Koblenz-Ehrenbreitstein, Konrad-Adenauer-Ufer 1.

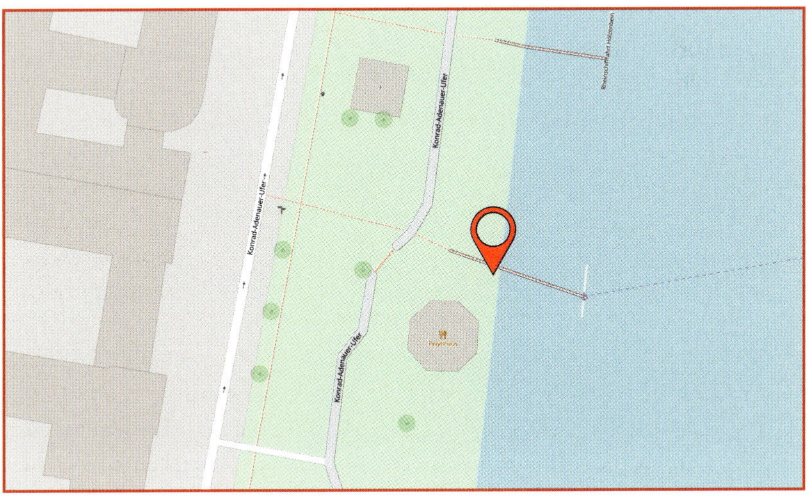

1530

49

Erker

Kurfürsten und ein Riesending

Es gibt in der Koblenzer Altstadt ein Haus am Florinsmarkt, das Schöffenhaus. Es wurde unter Kurfürst Richard von Greiffenklau (1467-1531) errichtet. Der Bau hat einen wehrhaften Charakter, ähnelt einem Stadttor und besitzt einen verzierten Erker, der das Wappen seines Erbauers trägt. Das Wappen ist geviertelt und zeigt in den jeweils diagonal gegenüberliegenden Feldern oben links und untern rechts ein durchgehendes Kreuz sowie rechts oben und links unten eine Lilienhaspel. Im Schöffenhaus, ursprünglich der Sitz des kurtrierischen Schöffengerichts, war später das Friedensgericht, zeitweise ein Pfandhaus und die Freimaurerloge und bis 2013 das Mittelrhein-Museum untergebracht. Die Spuren von Richard von Greiffenklau finden sich allerdings nicht nur auf dem Erker des Gebäudes. Es ist nämlich nicht das Einzige, was dieser Kurfürst den Koblenzern hinterlassen hat.

Da gibt es noch eine recht große Sache, die man sich mal genauer anschauen könnte und mit der sich der ehemalige Stadtrat und heutige Gästeführer Michael Hörter ganz gut auskennt. „Das ist der Greif." Und dabei handelt es sich um einen ganz besonderen Vogel. Was der Gästeführer weiter beschreibt, ist allerdings kein Federvieh. Der gemeinte Vogel gleitet nicht durch die Lüfte. Er ist auch aus keinem Ei geschlüpft, sondern er wurde aus Bronze gegossen.

Der Greif ist ein Wesen aus der altägyptischen Mythologie, dessen Körper aus einer Mischung verschiedener Tiere besteht. In der Regel wird er mit einem löwenartigen Leib und dem Kopf eines Raubvogels dargestellt. Ein mächtiger Schnabel und spitze Ohren sowie Flügel gehörten meist auch zu den Darstellungen. Macht, Stärke und Wachsamkeit sollte er verkörpern und demonstrieren. „Das passt!", muss sich der Koblenzer Kurfürst damals gedacht haben. Diese Attribute zusammen mit seinem Namen „Greiffenklau" – und schon ist sie fertig, die Idee von einer mächtigen, die Feinde besiegenden Kanone. Ob er das wirklich gedacht hat, ist natürlich reine Spekulation! Aber die Kanone, die gibt es und sie steht auf der Festung Ehrenbreitstein, hoch über der Stadt Koblenz. Und wie auch das

Am Erker des Schöffenhauses am Florinsmarkt ist das Wappen des Erbauers zu sehen. Kurfürst Richard von Greiffenklau hat seine Spuren an mehreren Stellen in Koblenz hinterlassen.

Schöffenhaus in der Koblenzer Altstadt findet man das Wappen des Richard von Greiffenklau auf der Kanone. Er war ja schließlich der Auftraggeber. Was aber macht dieser Stempel vom Musee de l'artillerie Paris auf dem fünf Meter langen Bronzerohr der Kanone?

„Als ‚der Greif' entstand, da gab es das Musee de l'artillerie Paris noch lange nicht. Er wurde 1524 oder 1528 gegossen. Die Ungenauigkeit des Datums ergibt sich aus der Schreibweise der Jahreszahl. Damals schrieb man die Zahlen etwas anders. Die Vier sieht meist wie eine unvollendete Acht aus, gewissermaßen eine Acht mit fehlendem „Unterleib". So sieht auch die Zahl auf der Kanone aus. Und da die Hälfte von acht nun mal vier ist, lief es schließlich auf das Jahr 1524 hinaus", sagt Gästeführer Hörter.

Die von Richard von Greiffenklau in Auftrag gegebene Kanone galt im 16. Jahrhundert als größte Kanone der Welt. Neun Tonnen schwer, fünf Meter lang und sie sollte 80 Kilogramm schwere Kanonenkugeln abfeuern. Ob sie das jemals getan hat, das sei dahin gestellt, denn eigentlich ist Bronze nicht das richtige Material für eine Kanone dieses Kalibers. Das Ganze klingt jedenfalls verdächtig nach einem ganz schönen Angeberteil. Und was passiert, wenn man dem Gegner in Kriegszeiten ein solches sprichwörtlich „vor die Nase hält" und dann verliert? Klar, der Sieger nimmt sich das Prunkstückchen mit nach Hause. So geschehen 1799. „Seit 1794 hat die französische Revolutionsarmee die Stadt besetzt und die kurfürstliche Burg Ehrenbreitstein belagert. 1799 wurde sie den Franzosen übergeben. Als die Franzosen zwei Jahre später, nach dem Frieden von Lunéville, das rechte Rheinufer verließen, verließ auch die Kanone ihren dortigen Standort", berichtet der ehemalige Stadtrat. Es wurde schwer Beute gemacht, schwer im wahrsten Sinne des Wortes, denn die Kanone wurde mit ihren 9.000 Kilo nicht einfach mal schnell über die Schulter geworfen und weggetragen. Dennoch machte sie sich auf den Weg nach Frankreich. In Paris diente sie als Symbol für den Anspruch auf den Rhein. Doch auch da sollte sie nicht bleiben.

1940 kam der „Greif" zurück nach Ehrenbreistein. „Am 14. Oktober 1940 wurde der Greif auf dem Koblenzer Schlossplatz aufgestellt. Ab dem 29. Oktober stand sie dann wieder auf der Festung", sagt Michael Hörter. Aber nur für knappe sechs Jahre, denn am 30. Oktober 1946 trat der „Vogel" erneut eine Reise an. Nach Ende des Zweiten Weltkrieges wird Koblenz französische Besatzungszone und „der Greif" landet – man glaubt es kaum – wieder in Frankreich. Die Kanone stand zum zweiten Mal in Paris. Genug gereist, möchte man sagen, aber irgendwann muss sie ja wieder nach Ehrenbreitstein gelangt sein. Michael Hörter berichtet wann: „Das war in den 1980er-Jahren. Kanzler Helmut Kohl überzeugte den französischen Präsidenten François Mitterrand, dass es doch eine schöne Geste der deutsch-französischen Freundschaft wäre, wenn die Kanone wieder auf die Festung käme. Und da steht sie wieder."

Der Stempel des „Musee de l'artillerie Paris" ist aber nach wie vor auf der Kanone und wird wohl weiterhin dort bleiben, denn die „Kanone Greif" ist lediglich eine Dauerleihgabe des französischen Militärmuseums. „Das mit der Dauerleihgabe ist auch nicht so, wie man es sich vorstellt. ‚Dauer' hieß in diesem Fall nämlich fünf Jahre, also eigentlich nur von 1984 bis 1989. Allerdings verlängert sich der Vertrag stillschweigend jeweils um ein Jahr, wenn nicht einer der beiden Unterzeichner meint, den Vertrag kündigen zu müssen." Doch solange das nicht geschieht, steht die Kanone von Kurfürst Greiffenklau, so wie das Schöffenhaus in Koblenz. Und beide Hinterlassenschaften tragen das Wappen ihres Auftraggebers.

Christl Eberlein

So geht's zum Erker:

Der Erker mit dem Wappen am Schöffenhaus ist am Florinsmarkt Nummer 17 in der Altstadt zu sehen.

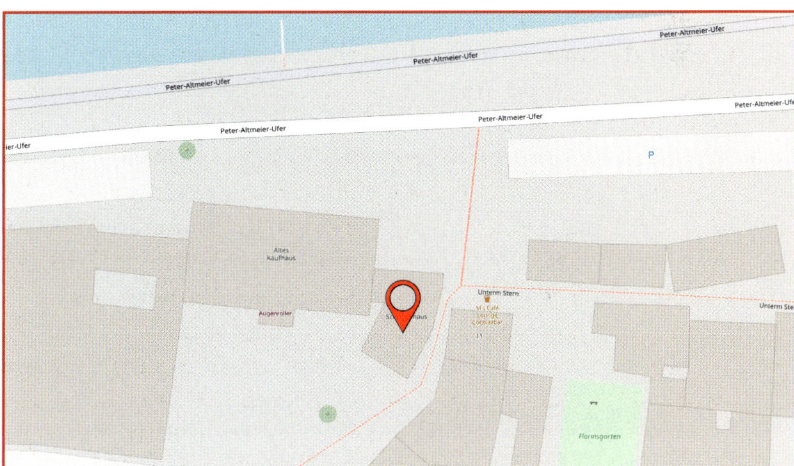

50

Wohnhaus

Das Portfolio eines Architekten

Spitz- und Strebebögen, Pfeiler, Ornamente, Ecken und Kanten: Die zentralen Zier-Elemente der gotischen Architektur des Mittelalters erhielten im von romantischer Idealisierung geprägten 19. Jahrhundert einen neuen Aufschwung. Die Formensprache der Neugotik prägte von 1830 bis zum Beginn des Ersten Weltkriegs 1914 viele Gebäude – doch so vielseitig wie die Fassade der Blumenstraße 8 im Koblenzer Stadtteil Lützel sehen nur wenige aus. Das dreigeschossige Wohnhaus besteht aus einer wilden Mischung verschiedener Gestaltungsformen dieses Stils; jedes Fenster ist einzigartig, jedes ein Beispiel für das breite Repertoire des Architekten. Was denn auch das Ziel des Gebäudes ist.

„Dieses Haus wurde von Peter Friedhofen entworfen, gebaut und 1896 fertiggestellt", erklärt Shabnam Ahmad Shahi, die während eines Rechercheprojekts für die Universität Koblenz-Landau vor drei Jahren auf den eigenwilligen Bau aufmerksam wurde. „Wir haben damals an einer Führung durch Lützel teilgenommen, das ja leider heutzutage den Ruf eines Problemviertels hat", sagt sie. „Dabei sind wir eben auch hier vorbeigekommen, und mich hat das Haus sofort angesprochen. Deshalb habe ich mich genauer damit beschäftigt. Es diente gewissermaßen als das Stein gewordene Portfolio Friedhofens, was schon eine recht ungewöhnliche Idee war und bis heute ist. Außerdem zeigt es, dass Lützel im ausgehenden 19. Jahrhundert von gutbürgerlichen Schichten bewohnt wurde."

Konzeptionell ist das Haus insofern bemerkenswert, als dass es trotz der reichhaltigen Verzierungen zu einer in sich stimmigen Einheit wird. Einzig die linke obere Haushälfte fällt aus dem Rahmen: Während der Rest des Hauses mit orangefarbenem Backstein verkleidet ist, besteht sie aus grauen Quadersteinen, die dieser Partie einen groben, unfertigen Charakter geben. „Wahrscheinlich wollte Friedhofen damit zeigen, dass er auch einfache Häuser ohne großen Zierrat planen konnte", vermutet Ahmad Shahi. „Der nüchterne Stil ist nicht untypisch für die damalige Zeit, vor allem wenn das Geld knapp war." Gleichzeitig demonstrierte der Architekt gerade durch den

Shabnam Ahmad Shahi vor dem Haus mit der Adresse Blumenstraße 8.

Kontrast die optischen Vorzüge der Neugotik.

Doch wer ist dieser Mann überhaupt, der sein gestalterisches Können auf diese Weise demonstrierte und sich damit letztlich ein Denkmal setzte? Peter Friedhofen (1853-1904), der nicht zu verwechseln ist mit dem gleichnamigen Gründer der Barmherzigen Brüder von Maria-Hilf, war Zimmerermeister, sein Bruder Jakob (1867-1926) Architekt. Gemeinsam betrieben sie das Bauunternehmen Gebrüder Friedhofen, das in Koblenz zahlreiche Häuser plante und errichtete. Insgesamt ein Dutzend Mal tauchen die Namen, mal einzeln und mal als Gebrüder Friedhofen, in der Liste der Kulturdenkmäler in Koblenz auf: Gründerzeitbauten, Jugendstilhäuser und sogar eine Halbvilla im Stil der Neurenaissance sind demnach im Stadtbild zu finden. Weitere neugotische Gebäude finden sich darauf nicht – angesichts der massiven Zerstörung der Stadt während des Zweiten Weltkriegs muss das aber nicht heißen, dass es sie nicht gab.

Thomas Kölsch

So geht's zum Wohnhaus:

Das Gebäude befindet sich Blumenstraße 8 im Koblenzer Stadtteil Lützel.

Quellen, Literatur, Bildnachweis

Ahmadshahi, Shabnam: „Haus Blumenstraße 8 in Lützel" In: KuLaDig, Kultur.Landschaft. Digital (www.kuladig.de). Abgerufen am 31.05.2023.

Bär, Max: „Aus der Geschichte der Stadt Koblenz 1814/1914". Koblenz 1922.

Basilika Sankt Kastor Koblenz. URL: http://www.sankt-kastor-koblenz.de. Abgerufen am 08.05.2023.

Bauer, Rudolf: Koblenz so wie es war, Düsseldorf 2012.

Bellinghausen, Hans: 2000 Jahre Koblenz. Geschichte der Stadt an Rhein und Mosel, Harald Boldt Verlag, Boppard am Rhein, 1973.

Beschlussvorlage der Stadt Koblenz, BV/0095/2022.

Böckling, Manfred: „Festung Ehrenbreitstein". Hrsg. Von der Generaldirektion Kulturelles Erbe Rheinland-Pfalz. Regensburg 2012.

Böckling, Manfred: Burg Gottes unter den Menschen, Die Herz Jesu-Kirche zu Koblenz und die Neoromanik. In: Festschrift zum 100. Jahrestag der Kirchweihe, Redaktion: Manfred Böckling, Hrsg. von der katholischen Kirchengemeinde Herz Jesu in Koblenz an Rhein und Mosel, Koblenz 2004, S. 35-58 (hier: S. 40).

Böckling, Manfred: Dunkle Geschichten aus Koblenz, Wartberg Verlag, Gudensberg, 2018.
Broer, Bärbel: Gemeinschaft der Schwestern vom Heiligen Geist, Verlag van Acken, Krefeld, 2007.

Clemens Brentano: Gockel, Hinkel und Gageleia, URL: http://www.projekt-gutenberg.org/brentano/gockel/gockl217.html. Abgerufen am 11.05.2023.

Dellwig, Hans-Helmut/Kallenbach, Reinhard (Bearb.): Kulturdenkmäler in Rheinland-Pfalz. Stadt Koblenz Bd. 3.2. Mainz 2004, S. 180f.

Dellwing, Herbert und Kallenbach, Reinhard: Kulturdenkmäler in Rheinland-Pfalz. Stadt Koblenz. Innenstadt, Band 3.2, Wernersche Verlagsgesellschaft, Worms.

Dellwing, Herbert; Kallenbach, Reinhard: Stadt Koblenz: Innenstadt (Denkmaltopographie Bundesrepublik Deutschland / Kulturdenkmäler in Rheinland-Pfalz). Koblenz 2004.

Denkwürdiger und nützlicher Rheinischer Antiquarius, welcher die wichtigsten und angenehmsten geographischen, historischen und politischen Merkwürdigkeiten des ganzen Rheinstroms, von seinem Ausflusse in das Meer bis zu seinem Ursprunge darstellt, Coblenz 1851.

Eckehard Frenz, Rolf Präuner, Wolfgang R. Reimann: Die „Elektrisch" an Rhein, Mosel und Lahn. Eine Zeitreise mit Straßenbahn und Obus in und um Koblenz. Koblenz, 2. Aufl. 2010.

Filmbeitrag „Der Schwedenpfad in Lay" aus der Landesschau Rheinland-Pfalz im SWR-Fernsehen vom 17.8.2017. https://www.swrfernsehen.de/landesschau-rp/hierzuland/aexavarticle-swr-15534.html. Abgerufen am 30.5.2023.

Franke, Erich: Koblenzer Kostbarkeiten. Stadtgeschichtliche Skizzen in Wort und Bild, Mittelrhein-Verlag, Koblenz 1967.

Franke, Erich: Koblenzer Kostbarkeiten. Stadtgeschichtliche Skizzen in Wort und Bild. Band 2, Mittelrhein-Verlag, Koblenz, 1973.

Frenz, Eckehard: Die „Elektrisch" an Rhein, Mosel und Lahn. Eine Zeitreise mit Straßenbahn und Obus in und um Koblenz, Autorengemeinschaft GbR Frenz & Reimann, Gütersloh, 2009.

Genossenschaft der Schwestern vom Heiligen Geist, Festschrift zum 100-jährigen Bestehen, herausgegeben vom Mutterhaus Marienhof, Koblenz 1957.

Gilles, Karl-Josef: Bacchus und Sucellus. 2000 Jahre römische Weinkultur an Mosel und Rhein (Briedel 1999).

Gniffke, Manfred: „Teil 2 der Spurensuche in

Alt-Koblenz: Manfred Gniffke über den Münzplatz“. Rhein-Zeitung vom 7. Dezember 2018.

Göbler, Wilfried; Haas, Reimund; Holl, Manfred: „Dokumentation der ehemaligen Staatsgrenze zwischen dem Herzogtum Nassau und dem Königreich Preußen im ehemaligen Nassauischen Westerwald – Teil 1“. Montabaur 2021.

Goethe, Johann Wolfgang: Dichtung und Wahrheit, URL:http://projekt-gutenberg.org/goethe/dichwah2/chap004.html. Abgerufen am 20.05.2023.

Grunwald, Lutz: „Das fränkische Gräberfeld von Koblenz-Lay“. In: Berichte zur Archäologie an Mittelrhein und Mosel (Band 12), Koblenz 2007.

Günther, Wilhelm Arnold: „Topographische Geschichte der Stadt Coblenz: von ihrem Entstehen bis zum Schlusse des 18. Jahrhunderts“. Koblenz 1813.

Höhn-Engers, Judith: „Sehr geehrter Herr Bürgermeister, ich bitte Sie um Verzeihung, dass ich Ihre Arbeitszeit wegnehme (…)“. Über die Suche nach Aufenthalts- und Beschäftigungsnachweisen für ehemalige Zwangsarbeiterinnen und Zwangsarbeiter“. In: Mitteilungen aus rheinland-pfälzischen und saarländischen Archiven. Hrsg. von der Landesarchivverwaltung Rheinland-Pfalz und dem Landesarchiv Saarbrücken, Nr. 49, S. 26ff. https://de.wikipedia.org/wiki/Wahrschau. Abgerufen am 21.06.2023.

Kallenbach, Reinhard: „Vergessene Altstadtgasse neu entdeckt“. In: Rhein-Zeitung, 9. April 2021, Seite 20.

Kallenbach, Reinhard: „Vergessene Altstadtgasse neu entdeckt“, erschienen in der Rhein-Zeitung vom 8. April 2021 (https://www.rhein-zeitung.de/region/aus-den-lokalredaktionen/koblenz-und-region_artikel,-vergessene-altstadtgasse-neu-entdeckt-buergerinitiative-erinnert-an-das-statzsche-gaesschen-_arid,2244416.html).

Kampmann, Helmut: Wenn Steine Reden. Gedenktafeln und Erinnerungsplatten in Koblenz. Fuck-Verlag, Koblenz, 1992.

Kellermann, Matthias: „Die preußische Festung Koblenz und Ehrenbreitstein. Zur Geschichte der rechtsrheinischen Festungswerke“. Koblenz, 2014.

Kemmer, Barbara und Schmitt, Frank: 111 Orte in Koblenz, die man gesehen haben muss, Emons Verlag GmbH, 2018.

Kevag (Hrsg.): Der Verkehrsbetrieb im Wandel der Zeit. Koblenz, 2007.

Kullmann, Tim: „Brigittchen aus Koblenz. Die spaßige Hure“. Dpa-Dossier vom 10. Juli 2006. Gesehen bei N-TV (https://www.n-tv.de/politik/dossier/Die-spassige-Hure-article189987.html).

Landesamt für Denkmalpflege Rheinland-Pfalz (Hrsg.): „Die Kunstdenkmäler der Stadt Koblenz. Die profanen Denkmäler und die Vororte.“ München-Berlin, 1986.

Liessem, Udo: Kurze Bemerkungen zu einigen Spolien der Philippsburg in Ehrenbreitstein in Gebäuden aus preußischer Zeit. - In: Jahrbuch für westdeutsche Landesgeschichte 39 (2013), S. 357-362.

Marcos, Dieter: Kunst im öffentlichen Raum der Stadt Koblenz. Eine Bestandsaufnahme, Nünnerich-Asmus Verlag & Media, Oppenheim am Rhein, 2021.

Meighörner, Jeannine: „Was ich als Frau dafür halte“. Sophie von La Roche. Deutschland erste Bestsellerautorin, Sutton Verlag, 2006.

Michel, Fritz: Die Kunstdenkmäler der Stadt Koblenz. Die profanen Denkmäler und die Vororte, Deutscher Kunstverlag, 1986.

Neubau für das Oberpräsidium Koblenz. In: Zeitschrift für Bauwesen, Jg. 63, 1913, Sp. 1-10.

Pressemeldung der Stadt Lahnstein vom 12. September 2016. Abgerufen am 23.5.2023 auf www.lahnstein.de (https://tinyurl.com/2ebgm6jq).

Pressemitteilung der Bürgerinitiative „Unsere Altstadt“, veröffentlicht am 1. April 2021 bei Blick Aktuell (https://www.blick-aktuell.de/Politik/Anwohner-und-Buergerinitiative-fordern-ein-Statzsches-Gaesschen-470381.html).

Schaaffhausen, Hermann: Antiker Steinblock

in Coblenz. Bonner Jahrbücher 53/54, 1873, 315-316.

Schröder, Dieter: Künstlerlexikon Maler der Eifel. 2.500 Maler vor dem Vergessen gerettet und neu entdeckt, hrsg. Forschungsgruppe Eifelmaler, DCM Druck-Center Meckenheim, 2019.

Schütz, Wolfgang: Koblenzer Köpfe. Personen der Stadtgeschichte, Namensgeber für Straßen und Plätze, Verlag für Anzeigenblätter GmbH, Mühlheim-Kärlich, 2. Auflage, 2005.

Stahl, Ernst: „Jugendherbergen in geschichtlichen Baudenkmälern". In: Zeitschrift des Rheinischen Verbands für Denkmalpflege und Heimatschutz, Jahrgang 20, Heft 3 vom Juni 1928. Düsseldorf 1928. URL: http://www.dilibri.de/rlb/periodical/pageview/181818. Abgerufen am 20.05.2023

URL: http://www.ehrenbreitstein.de/bauwerke/heribertsturm/. Abgerufen am 30.07.2023. URL: http://www.koblenz.de/umwelt-und-planung/stadtentwaesserung/hws/, abgerufen am 23.05.2023.

URL: http://www.koblenz-tipps.de/koblenzer-originale/. Abgerufen am 26.05.2023.

URL: http://www.kuladig.de/Objektansicht/O-103256-20140912-10. Abgerufen am 17.05.2023.

URL: http://www.kulturstiftung-koblenz.de/aktion-wortelkamp/. Abgerufen am 01.08.2023.

URL: http://www.pg-ko.de/heilig-kreuz-/ehrenbreitstein. Abgerufen am 30.07.2023.

URL: http://www.textarchiv.com/clemens-brentano/das-mosel-eisgangs-lied. Abgerufen am 23.05.2023.

URL: http://www.welt-der-wappen.de/Heraldik/greiffenclau.htm. Abgerufen am 29.05.2023.

URL: http://www.welt-der-wappen.de/Heraldik/greiffenclau.htm. Abgerufen am 29.05.2023.

URL: https://rheinische-geschichte.lvr.de/Persoenlichkeiten/sophie-von-la-roche/DE-2086/lido/57c93d8b51a396.06765130. Abgerufen am 09.07.2023.

URL: https://www.christliche-gedichte.de/?pg=6201. Abgerufen am 15.05.2023.

URL: https://www.visit-koblenz.de/de/koblenz-erleben/kirchen. Abgerufen am 02.08.2023.

URL: https://www.waldwissen.net/de/waldwirtschaft/waldbau/kurzportrait-robinie. Abgerufen am 28.05.2023.

URL: www.ehrenbreitstein.de/dahl/personen/van-beethoven/. Abgerufen am 18.05.2023.

URL:https://www.literaturportal-bayern.de/autorinnen-autoren?task=lpbauthor.default&pnd=118569767. Abgerufen am 09.07.2023.

Vallendar, Benedikt: „Leben zwischen Gemälden und Gitterstäben". In: General Anzeiger, 1. Februar 2002 (https://ga.de/news/kultur-und-medien/regional/leben-zwischen-gemaelden-und-gitterstaeben_aid-40253567). Abgerufen am 02.06.2023.

Wegeler, Julius: Wörterbuch der Coblenzer Mundart. Besonderer Abdruck aus dem Rheinischen Antiquarius, Hansebooks, 2017. Wenz, Jakob: „Elf Jahre in Fesseln". Koblenz, 1929.

Wischemann, Rüdiger: „Die Festung Koblenz. Vom römischen Kastell und Preußens stärkster Festung zur größten Garnison der Bundeswehr." Koblenz, 1978.

Zeuzheim, Kurt: Pfaffendorf in Wort und Bild, herausgegeben aus Anlass des 110jährigen Gründungsjubiläums des Verkehrs- und Verschönerungsvereins Koblenz-Pfaffendorf, Oktober 1989.

„Zack, rein und weg". In: Der Spiegel 18/1983 (https://www.spiegel.de/politik/zack-rein-und-weg-a-0a83f e2e-0002-0001-0000-000014022625). Abgerufen am 02.06.2023.

Bildnachweis

Cover: Adobe Stock

S. 7 Rhein-Zeitung, Kevin Rühle

SIE WOLLEN NOCH MEHR ÜBER

Koblenz

WISSEN?

Hier gibt es sachkundige Informationen:

Manfred Böckling M. A.
Germanist und Kunsthistoriker, neben seiner Tätigkeit als Denkmalpfleger auch als Gästeführer und Autor aktiv.
Homepage: www.manfred-boeckling.de.

Kalle Grundmann
Theologe, Gästeführer, Kultur- und Weinbotschafter, informiert auf seiner Internetseite über Führungen, Termine und mehr.
Homepage:
www.kallegrundmann.de

Michael Hörter
2000 Jahre Geschichte - Koblenz, eine Stadt mit Geheimnissen aber auch bekannten Sehenswürdigkeiten.
Altstadtführung sowie 2000 Jahre Wein. Bei der „Schlenderprobe“ können nicht nur sechs Köstlichkeiten im Glas kennengelernt, sondern auch Orte besichtigt werden, die ansonsten verschlossen sind.
E-Mail: m.hoerter@t-online.de
Telefon: 0170 / 2223360
oder Koblenz-Touristik
Telefon: 0261-1291610
E-Mail: touristinformation@koblenz-touristik.de

koveb - Koblenzer Verkehrsbetriebe GmbH
Will man heute in Koblenz die Aussicht genießen, kann man den Festungsaufzug hinauf auf den Ehrenbreitstein nutzen.
Homepage: www.koveb.de

Verein Pro Konstantin
Infos über den Verein Pro Konstantin finden sich auf der Webseite. Hier kann man sich auch über die Nutzung des Forts für private Feiern wie Geburtstage und Hochzeiten informieren.
Homepage: www.pro-konstantin.de

Kristina Venus
Positionierungs-Entwicklerin, Stadtführerin und Bloggerin.
Homepage:
www.koblenz-tipps.de.

Marlis Weiß
Gästeführerin in Koblenz
Führungen durch die Historische Altstadt
Festung Ehrenbreitstein – „Auf den Spuren des Angreifers”
Frauen in unserer Stadt, von der Kaiserin zur Marktfrau
Kowelenzer Originale on annere Leut
Weihnachten in Koblenz
Szenenführung: „Heilije, Hexe, Huckeweiwer.., met Lisbeth durch die Altstadt – Mundart, Szenische Führung oder Lesung: „Beethovens-Großmutter plaudert aus dem Nähkästchen….
Themen nach Wunsch, z. B. Mythen, Märchen rund um Koblenz
Kastanienweg 36

56340 Osterspai
Telefon: 0162/9040721
E-Mail: mbweiss@t-online.de
Homepage: https://die-gaestefuehrer.de/profile/marlis-weiss-1408

Publikationen:

Jost, Cliff A.: Der römische Limes in Rheinland-Pfalz. Archäologie an Mittelrhein und Mosel 14. 2., aktualisierte und erweiterte Auflage, Koblenz 2006.

Generaldirektion Kulturelles Erbe Rheinland-Pfalz, Direktion Landesarchäologie (Hg.): vorZEITEN. Landesarchäologie in Rheinland-Pfalz. 2., überarbeitete Auflage, Regensburg 2020.

Göbler, Wilfried / Haas, Reimund / Holl, Manfred: „Eine historische Spurensuche in der eigenen Heimat. Dokumentation der ehemaligen Staatsgrenze zwischen dem Herzogtum Nassau und dem Königreich Preußen im ehemaligen Nassauischen Westerwald.“ Hrsg. von der Gesellschaft für Heimatkunde im Westerwald-Verein, Montabaur 2021

Kellermann, Matthias: „Die Militärbäckereien der preußischen Festung Koblenz und Ehrenbreitstein“. Hrsg. von Feste Kaiser Franz e.V., Koblenz 2018.

Kellermann, Matthias: „Der Sender Koblenz (1934-1945)“. Koblenz 2020.

Kellermann, Matthias / Teschke, Florian / Dillenburg, Thomas: „Feste Kaiser Franz: ... ein Abschnitt der Festung Koblenz und Ehrenbreitstein“. Koblenz 2016.

Haftungsausschluss

Trotz intensiven Austauschs mit unseren Gesprächspartnern, gewissenhafter Literaturrecherche und aufmerksamem Korrekturlesen erheben wir weder einen Anspruch auf Vollständigkeit noch auf Fehlerlosigkeit. Wir haben streng darauf geachtet, keine Urheberrechte zu verletzen, unsere Recherchen sind nach bestem Wissen und Gewissen erfolgt. Dennoch übernehmen wir keinerlei Gewähr für die Aktualität, Korrektheit oder Vollständigkeit der bereitgestellten Informationen. Haftungsansprüche gegen uns schließen wir grundsätzlich aus.

Blick ins Buch
Mainzer Geheimnisse

01

Giebelstein

Der Tag, an dem der Pulverturm explodierte

Ruhig liegt der alte Mann in seinem Bett, seine Atemzüge sind kaum mehr zu spüren, seine Augen geschlossen. 18. November 1857, 14:40 Uhr – sie wissen, dass das Ende nahe ist. Die Familie ist an seinem Sterbebett zusammengekommen, um sich von ihm zu verabschieden. Um zusammen zu sein. Um zu beten. Auch der siebenjährige Enkel des Sterbenden ist dabei. Er hat noch nie miterlebt, wie es ist, wenn ein Mensch diese Erde verlässt.

18. November 1857, 14:45 Uhr – die Erwachsenen weinen. Der kleine Junge spürt, dass etwas Besonderes geschehen wird – und plötzlich passiert alles gleichzeitig: Ein ohrenbetäubender Knall ist zu hören, das Haus scheint nicht mehr fest zu stehen, sondern zu beben, die Fensterscheiben bersten, das Porzellan und die Gläser im Schrank klirren aneinander. Überall schreien Menschen. Steine, Ziegel, ganze Gebäudeteile fliegen durch die Luft, die nach Pulver, Schwefel und Brand riecht. Auch die Erwachsenen im Sterbezimmer schreien – nur der kleine Junge bleibt ruhig. Er weiß, dass gerade etwas Einmaliges geschehen ist und sagt: „Siehste, eben ist dem Großvater seine Seele in den Himmel gekommen."

So schildert Hiltrud Gill-Heine den Tag, der in die Mainzer Geschichte einging – den Tag, an dem der Pulverturm explodierte und Teile der Stadt verwüstete. Mindestens 157 Menschen wurden dabei getötet, 57 Häuser völlig zerstört, weitere 64 zumindest teilweise. Die Festungswerke und die Stephanskirche wurden ebenso stark beschädigt. Die enorme Explosion ließ vom Pulverturm selbst nichts übrig – ein Giebelstein flog 470 Meter durch die Luft und blieb am Ballplatz liegen. Dort ist das 683 Kilo schwere steinerne Relikt, inzwischen leicht versetzt, heute in der Grünanlage neben dem Ballplatz-Café zu sehen.

„Der siebenjährige Bub war mein Urgroßvater und hieß Caspar Mayer", sagt Hiltrud Gill-Heine. „Und dessen Großvater, der gerade

Der Giebelstein, das einzige Relikt des Mainzer Pulverturms: Hiltrud Gill-Heine nimmt darauf Platz.

während der Explosion starb, war also mein Ururopa. Diese Geschichte wird seit Generationen in meiner Familie erzählt. Für den kleinen Caspar war es ganz klar: Wenn sein Opa in den Himmel kommt, geht das nicht einfach so. Die Explosion hat für ihn wohl den passenden Rahmen abgegeben", meint die Stadtführerin. „Es muss ein Inferno gewesen sein aus fliegenden Trümmerteilen, unfassbarem Lärm und schreienden, verängstigten Menschen, die gar nicht wussten, was eigentlich gerade passiert." Ihre Familie ist vergleichsweise glimpflich davongekommen, denn nur die Fenster des Hauses sind zerborsten – wie bei etlichen anderen Gebäuden auch. „Bis in den Rheingau war die Erschütterung zu spüren, und bis dorthin sind Scheiben zersprungen. Deshalb gibt es in Mainz und im Rheingau auch keine Glasfenster aus der Zeit vor 1857", erklärt Hiltrud Gill-Heine.

Der Pulverturm, auch Martinsturm genannt, gehörte als Gaupforte zur Festung Mainz und stammte noch aus der mittelalterlichen Befestigung der Stadt. Er blieb erhalten, als um 1670 die anderen Gaupforten niedergelegt wurden. Eine Zeitlang diente er als Militärgefängnis und später, im 19. Jahrhundert, als Pulvermagazin. Zum Zeitpunkt der Explosion am 18. November 1857 um 14:45 Uhr lagerten 208 Zentner Zündhütchen und über 600 Leuchtkugeln dort. Tatsächlich hatte Mainz noch Glück im Unglück, denn nur ein paar Tage zuvor waren noch rund 700 Zentner Munition im Depot gewesen. Und eigentlich sollte an dem Tag ein Turnfest stattfinden, zu dem neben der gesamten Garnison drei Fürsten eingeladen waren, unter ihnen der beliebte Herzog Adolf I. von Nassau (1817-1905). Nur weil das Fest kurzfristig abgesagt wurde, entgingen sie dem Unglück.

Der Giebelstein des Pulverturms ist bei der Explosion 470 Meter durch die Luft geschleudert worden.

Wie konnte es überhaupt zu der Explosion kommen? „Es war wohl ein Anschlag eines österreichischen Korporals, der das Magazin in Brand steckte“, sagt Hiltrud Gill-Heine. „Ob es ein irgendwie gearteter Racheakt war oder ob er vielleicht aus Liebeskummer handelte, ist nie aufgeklärt worden. Jedenfalls wurde er sofort getötet.“

Er riss etliche Menschen mit in den Tod. Die Rede war von 157 Opfern, wobei die Zahl der getöteten Österreicher nie veröffentlicht wurde. Die gesamte Wachmannschaft vor dem Gautor kam ums Leben, ebenso wurden die Soldaten der preußischen Garde-Feldartillerie, die gerade im Festungsgraben exerzierten, getötet oder schwer verletzt. Hinzu kamen die vielen Opfer unter der Mainzer Zivilbevölkerung.

Dass es nicht noch mehr wurden, ist das Verdienst der Festungsbesatzung, die die Minengänge in der Nähe des Pulverturms, in denen ebenfalls Munition lagerte, unter Wasser setzte. Dennoch lagen viele Häuser auf dem Kästrich in Schutt und Asche. Und außer dem Giebelstein war vom Pulverturm selbst nach der Katastrophe, die in einem Atemzug mit dem „Delfter Donnerschlag“ genannt werden kann, nichts mehr übrig. In der niederländischen Stadt Delft explodierte anno 1654 ebenfalls ein Pulverturm, in dem Schwarzpulver gelagert war. Diese Explosion tötete über 1.200 Personen, verletzte Hunderte und machte ein ganzes Stadtviertel dem Erdboden gleich.

In Mainz jedenfalls gab das Unglück den Anlass dazu, den Kästrich neu zu gestalten. Die Straße, an der der Turm stand, trägt noch heute den Namen „Am Pulverturm“. Auf dem Hauptfriedhof erinnert ein Denkmal an die Explosion und an die vielen Menschen, die sie in den Tod gerissen hat.

Eva Wodarz-Eichner

So geht's zum Giebelstein:

Der Giebelstein des Pulverturms ist bis zum Ballplatz geschleudert worden. Er liegt in einer kleinen Grünanlage links neben dem Café.

Blick ins Buch
Wiesbadener Geheimnisse

01

Geflügeltes Rad

Steinerne Damen heizen ein

Die beiden steinernen Grazien auf dem Relief am Hauptbahnhof haben viel zu tun: Mit vollen Backen pusten sie kräftig auf das – ebenfalls steinerne – Rad, das sich in ihrer Mitte befindet. Und sie scheinen Erfolg zu haben: Dem Rad wachsen Flügel, während die Puste der beiden dampfend und staubend von dem Rad zurückprallt. „Die Symbolik ist klar: So wird Geschwindigkeit erzeugt – wofür wiederum das geflügelte Rad steht, das Symbol für den rollenden Schienenverkehr", erläutert Stadtteilhistorikerin Kathrin Schwedler. „Die Flügel sollen die Geschwindigkeit verdeutlichen, für die der Schienenverkehr vor allem in den Anfangsjahren berühmt war." Endlich war das unbequeme Reisen in den Postkutschen auf den holprigen Straßen vorbei und die Fahrgäste kamen auf komfortable Weise von A nach B.

Als Emblem für die Eisenbahn reicht das Flügelrad weit zurück und findet sich bereits auf der Gedenkmünze der Ludwigseisenbahn von 1835. Dargestellt ist hier eine liegende Frau, die einen Merkurstab mit Lorbeerkranz in der rechten Hand hält, während sie sich mit dem linken Arm auf ein Flügelrad stützt. Umlaufend steht auf der Münze geschrieben: *ERSTE EISENBAHN IN TEUTSCHLAND MIT DAMPFWAGEN/VON NÜRNBERG NACH FÜRTH, ERBAUT/1835.*

In Preußen wurde das Flügelrad am 30. November 1853 offiziell zum Markenzeichen der Eisenbahn und fand internationale Verbreitung. Fortan war es das – heute würde man sagen – „Logo" der Eisenbahn und der Eisenbahner. Menschen, die bei der Bahn arbeiteten, trugen es an Uniform und Mütze, lediglich in Feinheiten variierte die Grunddarstellung von Land zu Land: In Monarchien – wie zum Beispiel Bayern oder Württemberg – war die Bahn königlich und das gedachte man den Fahrgästen mit einem gekrönten Flügelrad kundzutun. Kathrin Schwedler weiß noch mehr über die Entstehung des Flügelrads zu berichten: „Es hat seinen Ursprung in den Darstellungen von Hermes,

Die Damen pusten kräftig, damit das Rad Fahrt aufnimmt.

dem geflügelten Götterboten", sagt die Journalistin. Hermes wird ebenfalls häufig mit Flügeln dargestellt, die er mal am Helm, mal an den Schuhen trägt. Nebenbei bemerkt: Auch an Postämtern ist Hermes oft zu finden – er soll die Schnelligkeit der Post symbolisieren.

Und das gleiche Ziel hatte eben auch die Bahn, als sie das Flügelrad zu ihrem Symbol machte. Kein Wunder, dass es als Zierrelief am neuen Bahnhof angebracht wurde, der 1904 bis 1906 anstelle von vormals drei getrennten Bahnhöfen an der Peripherie der bis 1866 naussauischen „Weltkurstadt" errichtet wurde. Der erste war der 1840 erbaute Taunusbahnhof, an dem die Taunuseisenbahn von Wiesbaden über Kastel nach Frankfurt fuhr. Der zweite war der Rheinbahnhof, 1857 erbaut. Er lag an der rechten Rheinstrecke, die von Wiesbaden über Biebrich und Rüdesheim am Rhein nach Niederlahnstein fuhr. Der letzte Bahnhof in Wiesbaden war schließlich der 1879 errichtete Ludwigsbahnhof. Hier stiegen Fahrgäste ein und aus, die mit der nach Niederhausen verkehrenden Ländchesbahn fahren wollten. Und seit 1889 gab es sogar noch eine vierte Bahnstrecke nach Bad Schwalbach und später bis nach Diez an der Lahn. „Doch die Fahrgastzahlen nahmen immer mehr zu und um sie zu bewältigen und den Gästen auch das Umsteigen leichter zu machen, wurde schließlich der zentrale Hauptbahnhof nach den Plänen von Fritz Klingholz gebaut", sagt Kathrin Schwedler. Die

Kathrin Schwedler vor dem Relief, zu dem sie ein amüsantes Detail recherchiert hat.

Lage des neuen Bahnhofs sorgte unter den Wiesbadenern allerdings für einigen Unmut: Vielen lag er schlicht zu weit abseits.

Abseits oder nicht: Der neobarocke Hauptbahnhof war ein Prachtstück, das sich sehen lassen konnte und die aufstrebende Kurstadt bestens repräsentierte. Am 15. November 1906 um 2:23 Uhr war es schließlich soweit: der erste planmäßige Zug erreichte den neuen Bahnhof. Und Kathrin Schwedler hat beim Studium alter Pläne herausgefunden: „Das Relief mit den pustenden Damen befindet sich direkt über dem einstigen Wartezimmer für Nichtraucher." Nix war's also mit der Nichtraucherei – wenn es sich auch um steinernen Qualm handelte.

„Das Relief mit den pustenden Damen befindet sich direkt über dem einstigen Wartezimmer für Nichtraucher."

Eva-Maria Bast

So geht's zum geflügelten Rad:

Es befindet sich an der Ostseite des Hauptbahnhofs. Dieser steht am Bahnhofsplatz 1.

WEITERE

Geheimnisse der Heimat

aus der Umgebung:

DIE

Geheimnisse der Heimat

GIBT ES JETZT NEU IN ...

Celle

Braunschweig Band 2

Ulm

Seit 2011 haben wir über 80 „Geheimnisse"-Titel produziert.
Alle Städte finden Sie unter www.bast-medien.de

Besuchen Sie uns im Internet: **www.bast-medien.de**